LE

CATHOLICISME

ou

LA BARBARIE

PARIS. — IMPRIMERIE SIMON RAÇON ET COMP., RUE D'ERFURTH, 1.

LE
CATHOLICISME

OU

LA BARBARIE,

COUP D'OEIL SUR L'ÉTAT DE L'EUROPE

A L'OCCASION

DE LA GUERRE D'ORIENT,

ACCOMPAGNÉ DE DOCUMENTS PEU CONNUS ET DE PIÈCES JUSTIFICATIVES.

N'ayons pas peur des Russes;
Mais ayons peur de nous.

PARIS
GAUME FRÈRES, LIBRAIRES-ÉDITEURS,
RUE CASSETTE, 4

1854

LE CATHOLICISME

OU

LA BARBARIE,

COUP D'ŒIL SUR L'ÉTAT DE L'EUROPE

A L'OCCASION DE LA GUERRE D'ORIENT.

I

Quarante ans de paix viennent de finir. L'Europe, qui disait : « La guerre n'est plus possible, » se réveille au bruit du canon. Une lutte formidable dans ses préparatifs, plus formidable peut-être dans ses résultats, est engagée entre les grandes puissances du monde civilisé. Quelle est la cause de ce vaste conflit, où l'O-rient et l'Occident vont se heurter? Quel en est le but? Quelle en sera l'issue probable? Est-ce un événement ordinaire? Faut-il y voir un avertissement solennel de la Providence? Existe-t-il quelques moyens de faire pencher la balance en notre faveur? Quels sont ces moyens et le secret de les employer avec succès? La Russie vaincue, n'avons-nous plus rien à craindre? Telles sont les graves questions qui se présentent. La solution en est-elle connue? Ce qu'on voit, ce qu'on entend, permet d'en douter.

Plusieurs semblent juger la question uniquement d'après leurs intérêts personnels ou leurs secrètes sympathies. La crainte et l'espérance servent de base à leurs calculs et de prémisses à leurs raisonnements.

Il en est qui, dans la conduite de l'empereur Nicolas, ne voient que l'acte insensé d'un homme enivré d'orgueil et dévoré d'ambition ; un simple *coup de tête*, dont il ne tardera pas à se repentir.

Quelques-uns ne trouvent rien d'étrange, rien de mystérieux dans cette singulière situation, où l'on voit tout ce qu'il y a de plus irréconciliable par nature, le catholicisme, l'hérésie et le mahométisme, marchant ensemble au combat.

Le grand nombre n'aperçoit que l'élément humain de la lutte. Pour lui, l'homme est tout. La victoire sera du côté de la force intelligente unie à la force matérielle. Les uns se plaisent à voir dans la Turquie, aidée de la France et de l'Angleterre, cette supériorité victorieuse, tandis que les autres en font honneur à la Russie. D'après ce calcul, on est Turc ou Russe : chacun fait sa prédiction et attend avec confiance le succès qu'il espère.

II

Turque ou Russe, cette espérance nous paraît un danger. Ne reposant que sur une base purement humaine, elle prouve ou qu'on ne connaît pas l'élément divin de la lutte, ou qu'on ne le compte pour rien et qu'on ne songe aucunement à le rendre favorable à la cause qu'on embrasse. Pourtant la vérité est qu'au lieu de n'être rien, l'élément divin est tout; et qu'ici en particulier il faut dire : *L'homme s'agite et Dieu le mène.*

C'est Dieu qui a voulu cette guerre dont personne ne voulait [1]; cette guerre sans provocation et sans cause; cette guerre que toutes les ressources de la diplomatie n'ont pu empêcher; cette guerre que la sagesse humaine déclarait désormais impossible en Europe, et qui va ébranler l'Europe et l'Asie.

C'est Dieu qui a voulu la guerre, et c'est lui qui va la faire. C'est lui, et lui seul qui l'a toujours faite. Depuis le commencement du monde, c'est lui qui a livré toutes les batailles et qui les a toutes gagnées. Nabuchodonosor, Cyrus, Alexandre, César, Constantin, Attila, Mahomet, Charlemagne, Napoléon, ont été ses lieutenants, et rien que ses lieutenants. Les peuples ont été, ils seront éternellement ses soldats, et rien que ses soldats.

Pour qui Dieu fait-il la guerre? Il la fait exclusivement pour Jésus-Christ, son Fils, à qui il a donné toutes les nations en héritage [1].

---

[1] Dieu veut la guerre, non qu'il approuve les passions et les iniquités qui amènent la guerre; mais en ce sens que, laissant à l'homme sa liberté, il veut l'expiation du mal et le retour à l'ordre par la guerre, comme par les autres fléaux. Il veut, comme parle la théologie, non le mal de *coulpe*, mais le mal de *peine*. C'est en ce sens que l'Écriture dit : *Si est malum in civitate quod non fecerit Dominus.*

[1] Ego autem constitutus sum Rex ab eo. — Dabo tibi gentes hæreditatem tuam. — Reges eos in virga ferrea. — Quem constituit hæredem universorum, propter quem fecit et sæcula. — Rex reguum et Dominus dominantium. L'Écriture est pleine de semblables paroles.

Préparer son règne universel, tel est le dernier mot de la guerre pendant les quatre mille ans du monde antique.

Etablir son règne universel, tel est le dernier mot de la guerre depuis deux mille ans, et tel il sera jusqu'à la fin des siècles.

Moyens ou obstacles, voilà ce que sont devant le Monarque suprême les nations et les rois. Moyens, la guerre les rajeunit et les glorifie ; obstacles, la guerre les brise ; en partie, si la mesure n'est pas comble, et d'obstacles la guerre a pour but de les changer en moyens ; entièrement, si l'obstination dans la révolte a comblé la mesure. Alors ils finissent, parce qu'ils ont perdu leur raison d'être[1].

Or, au sein du christianisme, les nations et les rois sont moyens, lorsqu'ils tiennent à honneur d'être les vassaux du grand Roi, et qu'ils prennent sérieusement sa volonté pour règle de la leur.

Ils sont obstacles, lorsqu'ils refusent d'accepter pour Roi celui que l'Ecriture appelle avec tant de justesse L'AGNEAU DOMINATEUR DU MONDE, et qu'ils disent : « Nous ne voulons pas qu'il règne sur nous; » ou, lorsqu'après l'avoir accepté, ils le repoussent et disent : « Nous ne voulons plus qu'il règne sur nous. »

Obstacles ou moyens, que sommes-nous aujourd'hui, nations de l'Europe occidentale, et à quel degré sommes-nous ce que nous sommes? Le dernier mot de la guerre est là.

Pour répondre, il faut reprendre les choses de plus haut : nous allons l'essayer.

---

[1] Gens enim et regnum quod non servierit tibi, peribit (Is., LX, 12).

III.

Aussi bien que les individus, les peuples sont nés sujets de Dieu. Venus de lui, c'est à lui qu'ils doivent aller. Pour présider à leur existence et à leur marche, Dieu leur a donné des lois. Ces lois, que les peuples n'ont pas faites, il ne leur appartient pas de les changer. Or, une de ces lois, c'est la soumission des peuples, comme peuples, à celui qui les a créés, créés pour sa gloire, et qui ne cède à personne les droits de son autorité souveraine. Se soumettre docilement à cette royauté divine : là est pour les peuples la vie, la prospérité, la gloire, parce que là est l'ordre. S'y soustraire : là est pour eux le malheur et la mort, parce que là est le désordre.

Avec la vie, l'homme reçut cette loi. Malheureusement il ne tarda pas à la violer. A la royauté de Dieu, l'homme osa substituer sa propre royauté : l'ère des révolutions fut ouverte. Commencée par la proclamation des droits de l'homme, la révolution ne pouvait, elle ne pourra finir, que par la reconnaissance des droits de Dieu. Tant que toutes les têtes ne seront pas courbées sous son sceptre, Dieu frappera, et il fera bien. Mille fois, pendant la longue période de l'histoire ancienne, des châtiments et des calamités inouïes avertirent le monde païen, qui avait accepté la royauté de l'homme, de se replacer sous la royauté de Dieu : il demeura insensible.

Enfin, arrive un jour où, Lazare couvert de plaies et de crimes, le genre humain révolté, gisait agonisant aux portes du tombeau. Le Roi des rois eut pitié de son ouvrage. Pour rétablir l'ordre et guérir la nature humaine, il daigna l'épouser. L'Église fut établie pour perpétuer, en la généralisant, cette vivifiante union. L'Église se met à l'œuvre et conjure l'humanité juive, grecque, romaine ou barbare, de rompre son alliance adultère avec le prince du mal, et de revenir à l'époux de sa virginité. L'entreprise est longue et difficile. Trois cents ans d'une résistance acharnée s'opposent à son succès. Enfin, une portion de l'humanité répond aux avances du Verbe fait chair : Constantin se déclare solennellement le vassal du Roi des Rois.

IV

Toutefois, après la conversion de ce prince, l'empire n'est pas totalement chrétien. Une masse considérable demeure obstinée dans le paganisme, c'est-à-dire dans la révolte. Les idées, les mœurs, les institutions, les codes mêmes, restent plus ou moins entachés de son esprit. Entre la vieille société qui tombe en lambeaux et la jeune société qui sort des catacombes, le dégagement n'est pas complet. De là, les secousses violentes, les tiraillements continuels qui agitent les deux siècles postérieurs à Constantin. De là, les tentatives plusieurs fois réitérées, en Occident, par les préfets de Rome ; et, en Orient, par Julien l'Apostat, dans le but de ressusciter le paganisme.

Pour en finir avec la portion rebelle de l'humanité, Dieu la livre aux barbares du Nord. Leur mission est d'anéantir le monde resté païen, avec ses arts païens, avec sa langue païenne, avec ses théâtres païens, avec ses mœurs païennes, avec ses monuments païens, avec ses lumières païennes, avec ses cités et ses institutions païennes, en un mot, avec toute cette civilisation corrompue et corruptrice, œuvre séculaire du génie du mal et citadelle de la révolte.

Qui peut le plaindre ? lui-même avait voulu sa perte. Comme avant d'exterminer les coupables nations de Chanaan, Dieu leur avait montré, pendant quarante ans, le glaive vengeur, promené sur leurs frontières par les tribus d'Israël, de même, depuis plusieurs siècles, il montrait au monde païen des hordes barbares, frémissant sous leurs tentes, en attendant le jour où elles tomberont, comme de formidables avalanches, sur les contrées désignées à la vengeance divine. Quelles sont ces contrées ? les barbares ne le savent pas. Quel mal leur ont-elles fait ? aucun : ils n'ont jamais vu la figure de leurs habitants. Ils savent seulement que le crime attire le châtiment, comme l'aimant attire le fer. Aussi, qu'on leur demande où il faut les conduire, ils répondent avec insouciance : « Où Dieu nous pousse, *quò Deus impulerit;* » et le plus redoutable de leurs redoutables chefs, interrogé sur son nom, dit sans hésiter : « Je m'appelle le fléau de Dieu, *flagellum Dei.* » Alors toute résistance devient impossible ; c'est la justice divine elle-même qui passe.

Ainsi finit, pour avoir abusé des lumières de la révélation primitive et pour avoir repoussé la royauté de Jésus-Christ, le monde des Homère et des Virgile, des Phidias et des Apelles, des Lycurgue et des Platon, des Cicéron et des César.

Quand tout ce qui doit périr a péri, et qu'il ne reste plus dans le champ du monde que ce que la main du Père céleste a planté, voici ce qui arrive : aux flots dévastateurs Dieu oppose un grain de sable. En Italie, ce grain de sable s'appelle Léon ; dans les Gaules, Geneviève. Les barbares s'arrêtent ; l'élément chrétien se les assimile : de là naît un monde nouveau, sur lequel régnera l'Agneau dominateur. L'an 800, le jour anniversaire de la naissance du divin Roi, Charlemagne, agenouillé aux pieds du pape saint Léon, dans la Basilique de Saint-Pierre de Rome, inaugure solennellement l'alliance du christianisme et de la société nouvelle.

V

A partir de cette mémorable époque, habitants, lois, institutions, arts, littérature, monuments, langage, tout en Europe devient rapidement chrétien. Entre Jésus-Christ et l'humanité existent les mêmes rapports qu'entre l'âme et le corps, l'époux et l'épouse. Le Verbe fait chair est Roi comme tout autre roi. Sa royauté prend une forme palpable : il a ses droits, ses ministres, ses soldats, ses sujets, ses amis, ses palais, ses trésors ; et, pour que rien ne lui manque, il a aussi ses ennemis.

VI

Il a ses *droits*, son droit *politique*. Vous le voyez assis au sommet de la hiérarchie sociale. Dans la réalité des faits, comme dans la foi des peuples, les princes et les empereurs sont ses lieutenants. Dépositaires de son autorité, c'est son nom qu'ils invoquent pour commander l'obéissance, sa sagesse qu'ils réclament pour présider à leurs conseils, sa volonté qu'ils prennent pour règle de la leur. Il juge les juges eux-mêmes. A son tribunal sacré, les princes viennent rendre compte de leur administration, comme les sujets de leur conduite.

Son droit *civil*. Il règne sur la société domestique.
C'est lui qui, après l'avoir ennobli en l'élevant à la di-
gnité du sacrement, consacre l'acte fondamental de la
famille et en règle les conditions.

Son droit *judiciaire*. Il l'exerce par les tribunaux ec-
clésiastiques ; et ses arrêts sont sacrés, et les peines
dont il frappe le coupable plus redoutées que le glaive
temporel.

Toutefois son empire n'est point le despotisme. Il
règne sur l'humanité comme l'âme règne sur le corps,
pour lui communiquer la vigueur et la beauté ; comme
l'époux règne sur son épouse, pour la diriger et la
perfectionner ; ou, suivant l'expression d'un auteur
protestant [1], comme le soleil règne sur les astres du
firmament, pour les illuminer et les tenir en harmonie.
A la place de la centralisation païenne, qui met tout
un peuple dans la main d'un homme, on voit s'établir
ces pouvoirs pondérateurs que la sagesse humaine cherche aujourd'hui sans parvenir à les trouver ; on voit la
liberté, dans laquelle furent baptisées les nations chrétiennes, s'épanouir en cent institutions diverses : libertés provinciales, libertés communales, libertés civiles,
libertés populaires, associations, corporations, maî-
trises, que sais-je ? mille rouages se mouvant sans
obstacle, chacun dans sa sphère, et tous ensemble formant l'harmonie générale. Telle fut l'heureuse influence
du divin Roi, que, malgré les robustes passions contre
lesquelles il eut à combattre, il éleva l'Europe au plus
haut degré de perfection sociale, après l'avoir couverte
comme d'un splendide manteau de monuments ini-
mitables.

[1] Ranke.

VII

Il a ses *ministres*. Sacrés comme les ambassadeurs des hautes puissances, les membres de la tribu lévitique sont également respectés des grands et du peuple. Leur personne est inviolable. Sur eux le juge laïque n'a aucune juridiction. Aux tribunaux particuculiers du divin Roi, ils sont comptables de leurs actes. Le respect pour la Majesté suprême, dont ils sont les représentants, ne permet pas de les confondre avec les citoyens ordinaires.

Son Vicaire est l'oracle des nations. Père de tous, il est invoqué par le fort et par le faible : et son autorité plane au-dessus de toute autorité. Par un conseil admirable de la Providence, il joint à la puissance spirituelle l'indépendance territoriale. Aux yeux des peuples, la première trouve dans la seconde une haute garantie d'impartialité. A l'heure où tous les Mazziniens de l'Europe attaquent si stupidement la souveraineté temporelle du Saint-Siége, il est consolant d'entendre un des plus grands génies politiques des temps modernes rendre un éclatant hommage à ce merveilleux ordre de choses :

« L'institution qui maintient l'unité de la foi, c'est-à-dire le pape, gardien de l'unité catholique, est une institution admirable, disait Napoléon. On reproche à ce chef d'être un souverain étranger. Ce chef est étranger, en effet, et il faut en remercier le ciel. Quoi ! dans le même pays, se figure-t-on une autorité pareille à côté du gouvernement de l'État ? Réunie au gouvernement, cette autorité deviendrait le despotisme du sultan ; séparée, hostile peut-être, elle produirait une rivalité affreuse, intolérable. Le pape est hors de Paris, et cela est bien. Il n'est ni à Madrid, ni à Vienne, et c'est pourquoi nous supportons son autorité spirituelle. A Vienne, à Madrid, on est fondé à en dire autant. Croit-on que, s'il était à Paris, les Viennois, les Espagnols, consentiraient à recevoir ses décisions ?

« On est donc trop heureux *qu'il réside hors de chez soi*, et qu'en résidant hors de chez soi *il ne réside pas chez des rivaux* ; qu'il habite dans cette vieille Rome, loin de la main des empereurs d'Allemagne, loin de celle des rois de France ou des rois d'Espagne, tenant la balance entre tous les souverains catholiques, penchant toujours un peu vers le plus fort, et se relevant bientôt si le plus fort devient oppresseur. Ce sont les siècles qui ont fait cela, et ils l'ont bien fait. Pour le gouvernement des âmes, *c'est la meilleure, la plus bienfaisante des institutions qu'on puisse imaginer.*

« La religion catholique est celle de notre patrie, celle dans laquelle nous sommes nés ; elle a un gouvernement profondément conçu, qui empêche les disputes, autant qu'il est possible de les empêcher avec l'esprit disputeur des hommes ; ce gouvernement est hors de Paris, il faut nous en applaudir ; il n'est pas à Vienne, il n'est pas à Madrid, il est à Rome : c'est pourquoi il est acceptable [1]. »

VIII

Il a ses *soldats.* Par ce nom glorieux, il faut entendre surtout les ordres religieux, ces grands corps d'armée si admirables de discipline, d'intelligence et de dévoue-

---

[1] Voyez M. Thiers, *Hist. du Consul. et de l'Emp.*, t. III, p. 219-221.

ment, qui s'en vont, chacun sous son étendard, aux quatre coins du monde, faire de nouvelles conquêtes au divin Roi, ou qui gardent vaillamment les anciennes. Le monde, et l'Europe en particulier, leur doit tout. Ils ont défriché ses forêts, assaini ses marécages, cultivé ses terres, ouvert ses routes, bâti ses ponts, conservé ses sciences, créé ses arts, sauvé sa liberté, dissipé ses ténèbres, élevé ses enfants, soigné ses malades, expié ses iniquités, et, au besoin, protégé ses frontières.

IX

Il a ses *sujets* : ce sont les âmes. Sa puissance les a créées, sa sagesse les a formées à son image ; de son sang il les a rachetées, de sa chair il les nourrit ; sur elles il règne par l'amour. A son service ces sujets reconnaissants mettent toutes leurs facultés. Le plus beau royaume de la terre est édifié par ses pontifes, comme la ruche par les abeilles. Les chefs de ce royaume se font gloire d'être ses premiers capitaines. Son nom royal est gravé sur les monnaies. Son étendard conduit les armées au combat. Son autorité fixe les jours de travail et de repos ; et telle est la vivacité de la foi, que le plus vaillant des peuples laisse intituler son histoire : *Gesta Dei per Francos.*

Grâce à l'action combinée de ses sujets, un monde nouveau s'élève à sa gloire. La théologie illumine toutes les sciences, rayonne sur les arts, et tous ensemble rivalisent de travail et de génie, afin de produire des chefs-d'œuvre dignes du Roi des Rois. Pour lui est créée une peinture nouvelle, une sculpture nouvelle, une architecture nouvelle, une littérature nouvelle, une poésie nouvelle ; et la poésie, la littérature, la peinture, la sculpture, l'architecture et tous les arts qui en dépendent parlent de lui, rien que de lui : la musique chante ses gloires, rien que ses gloires. Les habitudes générales, les idées publiques, les institutions innombrables qui en découlent, inspirées par lui, gravitent vers lui et sont comme autant de fiefs de sa couronne. Les époques de sa vie sont les époques solennelles de la vie sociale. Ses mystères remuent toutes les fibres de l'âme, et, tour à tour, plongent le monde dans le deuil ou l'enivrent d'allégresse : tous les cœurs battent à l'unisson du sien. Reproduite des millions de fois, sous toutes les formes, en bronze, en pierre, en marbre, en bois, en or, en argent, en peinture, son image chérie brille partout dans les rues, aux façades des maisons, sur les places, dans le palais du riche comme dans l'humble demeure du pauvre. Tout parle de lui, lui toujours, lui partout.

X

Il a ses *amis*. Toutes les voix ont nommé les pauvres. Pour eux il est riche : à eux il fait part de tous ses trésors. Il les chérit comme la prunelle de ses yeux. Il les honore, il leur bâtit de splendides palais. Ce qu'on fait au dernier d'entre eux, il le tient pour fait à lui-même. Il les visite, il les console, il essuie leurs larmes et pleure avec eux. Tel est l'amour qu'il inspire pour lui-même et la gloire dont il les environne, que les fils et les filles des grands et des rois achètent, au prix d'un dépouillement absolu, l'honneur de devenir les serviteurs et les servantes de ses plus humbles amis.

XI

Il a ses *palais*. Ce nom désigne les basiliques et les temples élevés en son honneur. Sur tous les points de l'Europe on les compte par milliers. Il semble que les siècles de foi ne savent bâtir autre chose. A cela ils dépensent les talents et les richesses, que le monde païen dépensait à bâtir des amphithéâtres et des cirques. Alors on voit tous les règnes de la nature se donner rendez-vous, et leurs plus riches productions, spiritualisées par le génie de la foi, devenir de magnifiques épopées qui chantent avec une sublime harmonie, et la reconnaissance de la création, et la gloire du divin Monarque à qui tout appartient et à qui tout est dû, pour s'être humilié jusqu'à l'anéantissement, afin de doter le genre humain d'un royaume éternel.

XII

Il a ses *trésors*. Les biens de l'Église sont la liste civile du divin Roi, le domaine privé de sa couronne et le patrimoine des pauvres. Pénétrés de reconnaissance pour ses bienfaits ou jaloux de mériter ses faveurs, les sujets de ce Monarque bien-aimé lui font, de siècle en siècle, l'hommage d'une partie ou même de la totalité de leur fortune. « Je donne à Jésus-Christ, notre Seigneur et Maître, mes biens, mes propriétés. » Rien n'est plus commun que cette formule dans l'histoire des nations chrétiennes, et rien n'est plus sacré que ce contrat. Les biens ainsi donnés deviennent inaliénables, et le roi Jésus est à la lettre le plus grand propriétaire du monde.

XIII

Il a ses *ennemis*. Le prince du mal détrôné, le vieil homme enchaîné par le nouvel Adam, restent en conspiration permanente contre lui. De là, mille tentatives honteuses pour ébranler son empire ou pour souiller son règne. De là, les trop nombreux désordres de mœurs qu'on rencontre dans l'histoire du moyen âge ; de là, les actes de révolte brutale contre la papauté, tant de fois commis par les empereurs d'Allemagne, héritiers de l'esprit païen des Césars ; de là, des scandales affligeants jusque dans le sanctuaire ; de là, des sectes immondes tour à tour se montrant au grand jour et les armes à la main, ou se remuant dans les bas-fonds de la société et conspirant dans l'ombre ; de là enfin, les autres vices qu'on peut citer et qu'on reproche si amèrement au moyen âge.

Or ces faits prouvent mieux que tous les raisonnements combien était solidement établie la royauté sociale de Jésus-Christ. En effet, l'audace de ses ennemis vient toujours se briser contre l'esprit général de cette grande époque. Si la volonté est malade, la raison demeure saine. La loi est violée, parce que l'homme est faible : mais l'autorité qui fait la loi n'est jamais niée. La révolte intellectuelle contre le divin Monarque est toujours le plus grand des crimes et l'hérésie traitée comme un attentat de lèse-nation.

Si donc on veut tenir compte, d'une part, des graves excès de nos robustes aïeux, puis de l'état où le christianisme les avait trouvés, par conséquent de la difficulté extrême de tailler ce dur granit et d'en faire des fils d'Abraham ; si on réfléchit, d'autre part, que rien de tout cela ne fut capable d'ébranler la foi de la société; que même cette foi reprenait tôt ou tard un empire victorieux sur la plupart des coupables qui, reconnaissant leurs torts et réconciliés avec leur légitime souverain, le glorifiaient par leur pénitence, on ne sera plus étonné que d'une chose, c'est l'immense pouvoir du christianisme sur le moyen âge, et la faiblesse de ses ennemis.

Aussi, malgré tous les désordres particuliers qu'on peut citer, on ne voit dans l'empire chrétien ni révoltes anticatholiques, ni coutumes anticatholiques, ni lois anticatholiques : nous entendons des lois, des coutumes, des révoltes durables, générales et autorisées en quelque sorte par la connivence des mœurs publiques et le silence de l'opinion.

Quant aux ennemis du dehors, s'ils osent attaquer le divin Roi, il parle, et des millions de bras s'arment pour sa cause. Poitiers, Jérusalem, Antioche, Ptolémaïde, Constantinople, Grenade, Vienne, Lépante, et cent autres lieux, rediront éternellement les glorieuses batailles livrées pour lui.

Ainsi régna visiblement sur le monde le Dieu fait homme, et son règne dura de longs siècles.

Qu'est-il devenu ?

XIV

La foi était la base de cet ordre social, le plus beau, à tout prendre, que l'homme ait contemplé. Or il vint un jour malheureux où cette base séculaire fut violemment ébranlée, en attendant, ce qui ne devait pas tarder, qu'elle fût ouvertement brisée. Le *libre penser*, fils de la Renaissance, inaugura la révolte et conduisit l'attaque. « C'est moi qui ai pondu l'œuf, dit-il fièrement par la bouche d'Érasme. Luther l'a fait éclore [1]. » — « Nous devons d'éternelles actions de grâces à la Renaissance, ajoute Bayle le protestant ; sans elle, nous ne serions pas nés. » — « Nous sommes les fils de la Renaissance, continuent les voltairiens, avant d'être les fils de la Révolution. » Tous tiennent le même langage, et les faits le confirment.

Bientôt des symptômes alarmants se manifestent. Avant Luther, les nouveaux admirateurs du paganisme enseignent publiquement, sous le patronage d'Aristote et de Platon, *étudiés enfin dans leur propre langue et leur texte complet*, des erreurs si monstrueuses, que Luther lui-même ne les a jamais soutenues. Le mouvement est donné : LA ROYAUTÉ DE L'HOMME RECOMMENCE. Et, chose digne de remarque, la rupture entre l'humanité et le Christianisme suit, dans ses funestes progrès, la même marche qu'avait suivie, pour se former, l'heureuse alliance dont nous avons esquissé l'histoire.

La royauté divine, ou, si l'on veut, l'incarnation sociale du Verbe fait chair, eut lieu dans le monde des âmes, avant de se réaliser dans le monde des corps. La *foi*, en descendant du cénacle, avait trouvé un monde païen ; le *libre penser*, en sortant des écoles de la Renaissance et de la cellule de Luther, trouve un monde chrétien. Du nord au midi, toutes les nations de l'Europe chantent le même *Credo*. Les premiers libres penseurs d'Italie et d'Allemagne ne sont pas descendus dans la tombe, que ce magnifique concert est troublé par mille voix discordantes. Dans toute l'Europe, voix qui crient à la barbarie, au despotisme,

---

[1] Ego peperi ovum, Lutherus exclusit. *Epist.*, lib. XX, 24.

à la superstition des siècles chrétiens. Voix qui chantent sur tous les tons les gloires incomparables de l'antique paganisme. Voix du Nord qui bientôt chante le schisme et l'hérésie. Voix du Midi qui chante l'indifférence et le sensualisme. Voix universelle qui demande la rupture de l'alliance du christianisme et de l'humanité : l'abolition de la royauté de Dieu et la restauration de la royauté de l'homme.

XV

Le règne du divin Roi commence par des individus isolés ; des individus il s'étend aux familles ; des familles aux villes entières ; des villes aux provinces et aux royaumes ; de là au monde civilisé. Ses premiers sujets sont des femmes et des pauvres : les hommes, les riches et les savants ne viennent qu'après.

Tous ces liens de l'auguste alliance se rompent ou se dénouent dans le sens inverse de leur formation, de manière à ramener, s'il se pouvait, le monde au point où le christianisme le trouva : la preuve en est sous nos yeux. Où sont aujourd'hui les nations *socialement* catholiques ? Parcourez, les unes après les autres toutes les provinces, toutes les villes de l'Europe ; visitez toutes les rues, entrez dans chaque maison : combien trouverez-vous de familles entièrement catholiques, c'est-à-dire dont tous les membres sont, de conduite et de croyance, chrétiens suivant l'Évangile ? Des individualités : tels furent les sujets du christianisme avant Constantin, tels, en général, ils sont aujourd'hui. Des femmes et des pauvres en forment le plus grand nombre : venus les derniers, les hommes, les riches et les lettrés ont déserté les premiers.

XVI

De l'ordre des idées, la séparation passe dans le domaine des faits. La royauté palpable du divin Monarque est démolie pièce à pièce. Considérée à son véritable point de vue, qu'est-ce que l'histoire de l'Europe, depuis plus de trois siècles, sinon l'histoire de l'affaiblissement progressif de l'antique union commencée par Constantin, cimentée par Charlemagne, affermie par saint Louis? De la soumission filiale, absolue au divin Roi, les nations ont passé à l'indifférence, de l'indifférence à la révolte.

XVII

Ses *droits*, on les nie : son droit politique, principe de tout droit, qu'est-il devenu? Allez dire à l'Europe moderne que toutes les couronnes sont tributaires de celle de Jésus-Christ; que le pouvoir des rois vient de lui; qu'il a pour but sa gloire, pour règle sa volonté ; essayez de combattre le principe nouveau de la souveraineté du peuple, c'est-à-dire le principe de l'indépendance absolue de l'homme dans l'ordre politique : est-il une seule nation qui vous comprenne? Les sages eux-mêmes ne vous répondront-ils pas par un sourire de pitié, en vous disant que vous rétrogradez de quatre siècles, *que les sociétés sont laïques et qu'elles doivent l'être?*

Son droit *domestique*, on l'en a dépouillé. Dans la moitié de l'Europe, ce n'est plus lui qui unit les époux, c'est l'homme. Il avait dit : « Le mariage est un sacrement. » De toutes parts le schisme, l'hérésie, l'incrédu-

lité, répondent : « Le mariage n'est pas un sacrement. »
Il avait dit : « Le lien conjugal est indissoluble. » La
moitié de l'Europe répond : « Le lien conjugal est dis-
soluble ; ou, s'il est indissoluble, c'est en vertu de la
loi du pays, et non en vertu de la loi de l'Évangile.

Son droit *judiciaire* est aboli. Si les juges établis
par lui osent rendre une sentence entraînant des effets
civils, elle n'est, dans la plus grande partie de l'Europe, légalement obligatoire qu'après et par la sanction
du pouvoir laïque. L'homme s'est arrogé exclusivement
la juridiction qui lui appartenait sur les personnes et
sur les biens : les peines même purement spirituelles,
autrefois si redoutées, quelle crainte inspirent-elles au
grand nombre ?

XVIII

Ses *ministres* ne sont plus écoutés qu'à demi ; on les
supporte plutôt qu'on ne les aime. Le clergé, qui était
socialement le premier corps de l'État, ne l'est plus.
Son concours, regardé comme indispensable à la con-
fection des lois et à la direction des affaires publiques,
est aujourd'hui jugé inutile. Depuis quatre siècles, les
membres de ce grand corps ont été chassés de poste en
poste ; on les a attachés à tous les piloris ; à plusieurs
reprises on les a publiquement bannis : leur sang a
inondé l'Europe.

La Papauté, cette grande puissance sociale des siècles chrétiens, où en est-elle ? Attaquée dans la souveraineté de ses droits, gênée dans l'exercice de ceux qu'on
veut bien encore lui reconnaître, menacée dans son
existence territoriale, nous la voyons aujourd'hui per-
sonnifiée dans un auguste pontife, sur le front duquel
rayonnent toutes les grâces de l'homme et toutes les

vertus du saint, mais dont les mains sont liées comme celles de Jésus devant Pilate, et dont la personne sacrée est protégée dans un palais solitaire, par une garde d'emprunt.

XIX

Ses *soldats*. L'Europe entière ne les a-t-elle pas tour à tour dépouillés, décimés, dispersés, avec défense de se reformer jamais en corps d'armée? Aujourd'hui, quelques nations croient se montrer généreuses en les tenant dans une tutelle si voisine de l'esclavage, que, pour opérer la moindre évolution, pour faire aucun acte public, enseigner, recevoir, posséder, se recruter, il leur faut l'agrément du pouvoir laïque. Il n'est pas jusqu'au serment de fidélité que, dans le secret de leur conscience, ils font au divin Roi, qui ne soit l'objet d'une inquisition odieuse.

XX

Ses *sujets*. Depuis quatre siècles, le libre penser, l'hérésie, le schisme, l'impiété, l'immoralité, sous tous les noms et sous toutes les formes, n'en ont-ils pas tué ou débauché le plus grand nombre? Comparé à la multitude des transfuges, dans tous les rangs et dans tous les âges, quel est le chiffre des sujets restés entièrement fidèles au divin Monarque? Presque tous, roiset peuples, ne déclarent-ils pas par le langage tristement éloquent de leurs législations et de leur conduite, qu'ils ne le reconnaissent plus pour maître ; qu'il est pour eux ce que sont pour les nations en révolte les princes détrônés, dont les bienfaits sont niés ou méconnus, et dont le souvenir même importune?

Comme dans les cas de rupture matrimoniale on se renvoie *lettres et portraits*, pour signifier qu'on renonce à l'objet d'une affection qui n'est plus ; comme après une révolution dans laquelle on s'est donné un nouveau maître, on efface partout le nom et l'image du prince déchu, ainsi l'Europe n'a rien omis pour faire disparaître tout ce qui pouvait rappeler le souvenir du divin Monarque. Elle a renversé ses monuments, elle s'est acharnée contre le plus sacré de tous, sa croix ; elle a brisé ses statues, elle a insulté, lacéré, brûlé ses images ; elle les a fait disparaître des rues, des façades des maisons, des chemins solitaires et des places publiques, comme des salons du riche et même de la chaumière du pauvre. Son nom est effacé des monnaies ; et chaque semaine, au jour même qu'il s'était réservé, on proteste publiquement qu'on ne veut plus de lui pour roi.

A tous ces souvenirs de l'antique royauté, on a substitué les monuments, les statues, les images des nouveaux maîtres. Personnification éternelle de la double révolte de l'esprit et des sens, le naturalisme et le sensualisme païens ne voient-ils pas, depuis quatre siècles, l'Europe entière consacrer à leur culte les nobles facultés qu'elle consacra si longtemps à la gloire de l'Agneau dominateur ? Pour eux elle a créé une peinture nouvelle, une statuaire nouvelle, une architecture nouvelle, une musique nouvelle, une poésie nouvelle, et la peinture et la statuaire, et l'architecture et la musique, et la poésie et tous les arts, ont parlé d'eux à tous les sens, à tous les hommes, sur tous les tons, dans tous les lieux, et ils continuent d'en parler, de les glorifier et de les chanter.

XXI

Ses *amis*. On les ravit à sa tendresse, on lui a ôté les moyens de les secourir ; souvent on annule les legs que la piété veut lui faire à leur profit. La charité, qui est sa fille, qui parle toujours de lui, qui soulage en son nom, qui lui attire les bénédictions de ses amis, qui le fait vivre dans leur cœur, comment a-t-elle été traitée ? Ne l'a t'on pas humiliée, entravée, abreuvée de dégoûts ? Il fut un jour où on la chassa de l'asile du pauvre, du chevet du malade, du berceau du nouveau-né. Comme dernière humiliation, on voudrait lui substituer la philanthropie ! étrangère qui ne connaît point le divin Roi, qui ne parle pas de lui, qui secourt au nom de l'homme ; marâtre au cœur glacé qui inspecte plutôt qu'elle ne visite, qui prélève ses salaires sur la douleur, qui emprisonne le pauvre dont la vue l'importune, et qui, au lieu de pleurer avec lui, danse pour le soulager.

XXII

Ses *palais*. Que sont devenus les magnifiques, les innombrables palais élevés en l'honneur du Monarque bien-aimé ? Depuis plus de trois siècles, le marteau des démolisseurs n'a pas cessé de les mutiler et de les abattre. De Lisbonne à Moscou, et de Naples à Londres, l'Europe est couverte de leurs débris. Parmi ceux qui restent debout, les uns sont convertis à des usages profanes, les autres conservés à titre d'*objets d'art*. Sous le nom de propriétés nationales ou communales, tous ont été confisqués, si bien qu'aujourd'hui, dans toute l'étendue du royaume très-chrétien, le Roi des rois, Jésus-Christ, est en loyer.

XXIII

Ses *trésors*. Dans la plus grande partie de l'Europe, il ne lui reste pas un pouce de terre en propriété. Là où il n'est pas entièrement dépouillé, on a soif du peu qui lui reste, et on se promet bien de *mettre un jour la main dessus*. La spoliation a été érigée en système ; cent légistes ont *prouvé* que ce dépouillement impie est un acte de justice, une mesure commandée par l'intérêt général et une source de bonheur public. Et le monde l'a cru !!!

XXIV

Ses *ennemis*. Comme au jour de sa passion, le divin Roi peut dire aujourd'hui : « Mes ennemis se sont multipliés, ils ont ourdi contre moi de vastes conspirations ; leur audace va toujours croissant. »

« Jésus-Christ n'a pas plus d'ennemis aujourd'hui qu'autrefois, répondent les endormeurs : tous les siècles se ressemblent, les hommes ont toujours été les mêmes. »

« On entend dire assez communément, répond M. de Maistre, que *tous les siècles se ressemblent et que tous les hommes ont toujours été les mêmes;* mais il faut bien se garder de ces maximes générales que la paresse ou la légèreté invente pour se dispenser de réfléchir. Tous les siècles, au contraire, et toutes les nations, manifestent un caractère particulier et distinctif qu'il faut considérer soigneusement. Sans doute, il y a toujours eu des vices dans le monde ; mais ces vices peuvent différer en *quantité*, en *nature*, en *qualité dominante* et en *intensité*. Or, quoiqu'il y ait toujours eu des impies, jamais il n'y avait eu, avant le dix-huitième siècle et au sein du christianisme, *une insurrection contre Dieu !* Jamais surtout on n'avait vu une conspiration sacrilége de tous les talents contre leur auteur. Or, c'est ce que nous avons vu de nos jours [1]. » « Ce qu'il y a d'extrêmement remarquable, dit-il ailleurs, c'est qu'à mesure que les siècles s'écoulent, les attaques contre l'édifice catholique deviennent *toujours* plus fortes ; en sorte qu'en disant toujours : *Il n'y a rien au delà*, on se trompe toujours. Après les tragédies épouvantables du seizième siècle, on eût dit sans doute que la tiare avait subi sa plus grande épreuve ; cependant celle-ci n'avait fait qu'en préparer une autre [2]... »

XXV

Mais ne nous en rapportons point aux témoignages d'autrui. Comparons nous-mêmes l'Europe d'aujourd'hui à l'Europe d'autrefois. Pour avoir les termes d'une comparaison sérieuse, remontons à l'époque qui divise en deux parties l'histoire des sociétés chrétiennes, à cette époque dont le nom seul indique la fin du moyen âge et le commencement de l'ère moderne, la Renaissance. Si nous portons tour à tour nos regards sur les temps qui la précèdent et sur ceux qui la suivent, voici les grands traits qui nous frappent :

Avant la Renaissance, l'esprit et la foi de l'Europe sont catholiques ; après la Renaissance, l'esprit d'incrédulité souffle sur l'Europe et l'entraîne dans le schisme

[1] *Considér. sur la France.*
[2] *Du Pape*, t. II, p. 271.

et l'hérésie. Les coutumes *générales* de l'Europe sont catholiques.

Après la Renaissance, vous voyez l'Europe se remplir de coutumes anticatholiques : coutumes publiques, générales, et comme passées en lois.

Ainsi :

Violer les prescriptions salutaires de l'Église sur le jeûne et l'abstinence : coutume anticatholique.

Abandonner les sacrements et ne pas se confesser, même à Pâques : coutume anticatholique.

Profaner le dimanche par le manquement au service divin, par le travail et par la débauche : coutume anticatholique.

Exposer dans les rues, sur les places, dans les jardins publics et dans les maisons particulières, toute sorte de gravures, de peintures, de statues indécentes : coutume anticatholique.

Représenter chaque soir sur des milliers de théâtres, en présence de milliers de spectateurs de tout âge et de tout sexe, toute espèce de pièces plus propres les unes que les autres à irriter les passions : coutume anticatholique.

Avant la Renaissance, les principes et les lois sont catholiques.

Après la Renaissance, nous voyons surgir en grand nombre, des principes et des lois anticatholiques.

Proclamer, comme base de l'édifice social, les droits de l'homme, c'est-à-dire ériger l'orgueil en dogme et bâtir là-dessus des constitutions et des chartes : principe et loi anticatholiques.

Nier la divinité du pouvoir et regarder le prince, non comme le ministre de Dieu, mais comme le mandataire du peuple : principe et loi anticatholiques.

Créer la centralisation et confisquer toutes les libertés : système anticatholique.

Placer sur la même ligne la vérité qui a tous les droits, et l'erreur qui n'en a aucun : principe et loi anticatholiques.

Soutenir que l'Église est dans l'État ; enchaîner sa liberté par mille moyens ; la dépouiller de ses propriétés et la déclarer inhabile à posséder, si ne n'est sous le bon plaisir des gouvernements : système anticatholique.

Autoriser le divorce : loi anticatholique.

Autoriser le concubinage civil : loi anticatholique.

Avant la Renaissance, pas une conspiration contre la vérité : nous entendons une conspiration publique, nombreuse, permanente.

Après la Renaissance, des milliers d'intelligences consacrant publiquement et constamment leur activité à glorifier les écrits, les hommes et les choses du paganisme, et à dénigrer les écrits, les hommes et les choses du christianisme : conspiration anticatholique.

Des milliers d'autres intelligences écrivant des millions d'ouvrages, romans, pièces de théâtres, journaux, feuilletons, livres de sciences, de politique, de philosophie, d'histoire, dans lesquels il n'est pas un crime contre Dieu, contre les rois, contre les parents, contre les époux, contre les enfants, contre soi-même, qui ne trouve sa formule et son apologie : conspiration anticatholique.

Des milliers d'artisans et d'artistes reproduisant, sous toutes les formes et pour tous les sens, tout ce qu'il y a de plus propre à corrompre le cœur : conspiration anticatholique.

Ces millions de livres, ces millions d'ouvrages d'art formant un enseignement de tous les jours, de toutes

les heures, dans les villes et dans les campagnes, pour
les riches et les pauvres, pour les savants et les igno-
rants, pour les jeunes gens et les vieillards, pour
les hommes et les femmes : conspiration anticatholique.

XXVI

Prétendre que les siècles qui ont précédé cette époque
ne valaient pas mieux que le nôtre, c'est soutenir : ou
qu'aucune de ces coutumes, aucune de ces lois, aucune
de ces conspirations anticatholiques n'est un mal, ni
une cause de mal ; ou que nous sommes tellement bons,
et nos pères antérieurs à la Renaissance tellement mau-
vais, que, malgré le mal immense que dénotent et
qu'ont dû faire ces coutumes, ces lois, ces conspirations, il nous reste un patrimoine de vérités, de raison, de foi, de mœurs, de vertus, en un mot de catholicisme, égal au leur.

Dans ce cas, voici les problèmes qui restent à ré-
soudre :

Expliquer d'où était venue à l'Europe du moyen âge
cette somme de mal tellement effrayante, qu'elle reste
égale et même supérieure à celle que les trois causes
dont nous venons de parler n'ont cessé, depuis la Renaissance, d'accumuler parmi les nations.

Expliquer comment, malgré cette somme de mal,
c'est-à-dire de principes dissolvants, l'Europe du moyen
âge forma la plus puissante unité dont l'histoire ait conservé le souvenir ; comment elle a vécu mille ans sans
éprouver aucune de ces révolutions, qui bouleversent
les sociétés jusque dans leurs profondeurs.

Expliquer comment, depuis quatre siècles, l'Europe a vu plus de trônes renversés, plus de constitutions déchirées, plus de formes gouvernementales essayées, plus de lois fabriquées, qu'elle n'en avait vu pendant toute la durée du moyen âge.

Expliquer comment, malgré les progrès dont elle se flatte, malgré le prodigieux empire qu'elle a acquis sur le monde matériel, malgré ce qu'il est convenu d'appeler lumière, liberté, civilisation, l'Europe actuelle se dit et se croit toujours, non sans raison, sur un volcan.

XXVII

De même que pendant toute la durée de son alliance avec l'Europe, le divin Monarque eut ses ennemis extérieurs, ainsi il continue d'en avoir depuis la rupture. Mystérieuse destinée ! toujours il a en tête une grande puissance ennemie. En descendant sur la terre, il rencontre l'empire romain. Trois siècles de combats sont employés à le vaincre. L'empire romain achève à peine de s'écrouler sous les coups des derniers barbares, que, dans le fond de l'Orient, il s'élève un nouvel empire qui doit, pendant mille ans, lutter contre l'Agneau dominateur. Le mahométisme n'est pas encore descendu dans sa tombe entr'ouverte, que, depuis cent cinquante ans, il se forme dans les glaces du Nord un nouvel empire non moins hostile au divin Roi. Parvenu rapidement à des proportions gigantesques, il a jeté le gant à l'Europe occidentale, qui va se mesurer avec lui. Puisse-t-elle le faire dans le même esprit que ses aïeux et avec le même succès !

XXVIII

En résumant ce rapide exposé, nous voyons un vaste cercle dont les extrémités se touchent et se ressemblent.

La ROYAUTÉ DE DIEU et la ROYAUTÉ DE L'HOMME sont constamment en présence.

En descendant sur la terre le Roi des Rois trouve un monde qui n'est pas chrétien, c'est-à-dire, qui vit sous la royauté de l'homme : aujourd'hui il se voit en face d'un monde qui s'éloigne sensiblement du christianisme, c'est-à-dire qui repousse la royauté de Dieu.

La royauté sociale du Verbe éternel mit plusieurs siècles à s'établir : plusieurs siècles déjà ont été employés à la ruiner.

L'établissement de la royauté divine donna lieu à des luttes acharnées, à des souffrances inouïes. Le prince du mal qu'on vient chasser résiste de toute sa puissance : l'humanité, profondément corrompue, refuse de rompre l'alliance adultère qu'elle a contractée avec lui. La royauté sociale et tant de fois séculaire de l'Homme-Dieu n'est pas abolie sans combats. Les nations occidentales, profondément pénétrées de l'esprit chrétien, refusent avec énergie de rompre leur glorieuse alliance. L'histoire si tourmentée de l'Europe moderne n'est, à le bien prendre, que l'histoire des luttes et des déchirements causés par le divorce.

Le monde païen persécute par le fer, le sophisme et le ridicule, le christianisme dans son dogme, dans sa morale, dans son culte, dans ses ministres, dans son influence : depuis quatre siècles le monde attaque tout cela et avec les mêmes armes.

C'est lorsqu'il est parvenu au plus haut degré de civilisation matérielle que le monde païen se livre à toute sa haine contre le christianisme. C'est depuis que le monde actuel se fait gloire d'être sorti, par la Renaissance, des ténèbres du moyen âge et d'égaler, sinon de surpasser, en civilisation matérielle, l'antiquité païenne, son modèle admiré, qu'il livre au christianisme une guerre acharnée.

Le monde païen, devenu chair, proclamait deux dogmes : l'AUTOCRATIE DE LA RAISON et la ROYAUTÉ DES SENS. Deux grandes idoles recevaient ses hommages : la philosophie et le plaisir [1]. A leurs pieds il était enchaîné lorsqu'on entendit dans le lointain les pas des barbares. Esprit ou chair, qu'est le monde actuel pris dans son ensemble? Quels sont les dieux qu'il adore? Peut-il nier qu'il ait reçu de solennels avertissements? Quel est le bruit du canon qui gronde dans le lointain?

Pour avoir refusé obstinément d'accepter la royauté du fils de Dieu, le monde païen fut brisé avec toute la civilisation païenne, son orgueil et sa vie. Quoiqu'elles aient repoussé, après l'avoir reçue, la royauté du Fils de Dieu ; et, autant qu'elles ont pu, ressuscité, dans toutes ses parties, la civilisation païenne, les nations de l'Europe méridionale ont-elles lieu de se croire complétement et pour toujours à l'abri du châtiment? Est-il démontré que les peuples du Nord en général, et la Russie en particulier, ne sont investis, à leur égard, d'aucune mission providentielle?

Qui peut répondre *oui* ou *non* avec certitude?

Ce qu'il y a de certain, c'est que depuis longtemps la Russie inspire aux hommes les plus sérieux de graves inquiétudes. Il nous a paru que, dans les circonstances actuelles, c'était un devoir de publier leur opinion, afin que toutes les forces vives de l'Europe occidentale se réunissent contre l'ennemi commun, dont

[1] Duas tantum res anxius optat, panem et circenses. Juv.

il faut à tout prix arrêter les progrès. Simple rapporteur, nous nous taisons pour les laisser parler.

XXIX

Un célèbre voyageur allemand, après avoir parcouru les vastes contrées soumises au Czar ou limitrophes de ses États, écrivait en 1848 : « Cet immense empire, dont sont sorties les plus grandes catastrophes qu'ait subies la société européenne, a-t-il réellement achevé sa tâche, et la civilisation n'est-elle plus exposée, de ce côté, à l'un de ces effroyables ouragans qui bouleversent le monde de fond en comble? Que les prophètes d'Orient ou d'Occident nous l'apprennent, mes yeux ne savent pas lire dans l'avenir.

« Je dis seulement que ce Cosaque si utile et si industrieux remplit l'office de l'éléphant apprivoisé, qu'on exerce à prendre et à apprivoiser les éléphants sauvages. Et déjà, en effet, au fond de la Sibérie, des centaines de hordes belliqueuses, à demi-muselées par des mains habiles, s'accoutument chaque jour à comprendre et à suivre les ordres retentissants partis des bords de la Néva. Elles sont inscrites, ces hordes, sur les registres de l'armée, comme des recrues bonnes au service. Quelques milliers d'instructeurs, venus des contrées du Don, ne se lassent pas de leur enseigner la manœuvre, et ils ont établi pour cela des stations jusqu'aux frontières de la Chine. Là, de tous côtés, on travaille, depuis dix ans, à dresser des cavaliers et à former des escadrons. Patience! Tous ces exercices dans ces plaines d'où venaient les Mongols, c'est peut-être pour donner un jour à l'Occident le spectacle d'une *magnifique parade*, et faire défiler devant l'Europe deux ou trois cent mille de ces bêtes fauves. Ah!

comme le vent de Sibérie sifflait ce soir sur la steppe et poussait vers l'Occident de noirs escadrons de nuages ! Un instant je crus voir, au milieu des ombres du crépuscule, *ces barbares que l'Asie précipitera encore sur l'Europe énervée.*

« Le vent murmurait comme un avertissement lugubre et me remettait en mémoire ces paroles expressives d'un écrivain slave, que je prie le lecteur de LIRE DEUX FOIS :

« Nous autres Slaves, nous devons un sérieux avis à nos frères d'Occident. L'Occident oublie trop les contrées septentrionales de l'Europe et de l'Asie, ce berceau des peuples nés pour le carnage et pour la destruction. Qu'on ne croie pas que ces peuples aient disparu de la terre. Ils sont toujours là, comme une nuée chargée d'orages, n'*attendant qu'un signe du Ciel pour se ruer* sur l'Europe. Non, ne croyez pas que l'esprit d'un Attila, d'un Gengis-Khan, d'un Tamerlan, d'un Suwarow, de tous ces terribles fléaux du genre humain, soit mort dans ces contrées. Ces contrées, ces hommes et l'esprit qui les poussait, tout cela existe encore ; tout existe pour tenir en éveil la civilisation chrétienne, pour l'avertir qu'il n'est pas encore temps de changer le fer des épées en socs de charrue et les casernes en hospices [1]. »

XXX

« Cette page, ajoute l'auteur français auquel nous l'empruntons, écrite en 1848 par un homme qui ne nourrit aucun sentiment de haine contre la Russie, et qui ne pouvait prévoir la crise actuelle, cette page,

---

[1] Wagner, *Voyage en Russie.*

qui éclate comme un cri d'effroi involontaire au milieu des savantes recherches d'un esprit sans passion, méritait d'être citée tout entière. » Elle indique très-vivement un des aspects de la puissance russe, et nous conduit à parler de la Russie proprement dite.

Politiquement parlant, les nations de l'Europe occidentale, et la France en particulier, ont le plus pressant motif de resserrer plus fortement que jamais les liens de la grande unité catholique. La France, d'abord, parce que sa force providentielle est dans la foi. Les autres nations, parce qu'elles ont à se prémunir contre un ennemi qui les menace tous, et nous avec elles. Peut-on voir sans inquiétude pour l'avenir l'agrandissement démesuré de la Russie? Il y a un siècle, à peine cet empire comptait parmi les peuples, aujourd'hui il fait trembler l'Asie et menace l'Europe. Un fanatisme religieux et guerrier le réunit, comme une masse compacte, sous la main d'un chef tout à la fois empereur et pontife, auquel il obéit passivement.

Or, une pensée unique, tombée, on ne sait d'où, dans la tête des fondateurs de cette empire, nettement formulée par Pierre Ier, suivie avec persévérance par ses successeurs, pousse les autocrates à la conquête du monde [1]. Comme pièce justificative, nous allons citer le testament politique de Pierre le Grand, dont on a beaucoup parlé sans le connaître [2].

---

[1] *Documents relatifs à la crise actuelle*, t. I et t. II.

[2] Voici quelques détails sur l'authenticité de ce document . Il fut apporté de Russie par le chevalier Éon de Beaumont, agent diplomatique de Louis XV auprès de l'impératrice Catherine. Des circonstances particulières, qu'il serait trop long de raconter, avaient ouvert à ce personnage les archives intimes du palais de Péterhoff. Le chevalier d'Éon mourut sans avoir publié ce document, non plus qu'un bon nombre d'autres pièces diplomatiques. On savait, néanmoins, que le testament impérial existait, mais peu de personnes en connaissent la teneur. Un compatriote du chevalier a

XXXI

ORDRE DU PLAN DE DOMINATION EUROPÉENNE, LAISSÉ PAR
PIERRE LE GRAND A SES SUCCESSEURS AU TRÔNE DE LA
RUSSIE, ET DÉPOSÉ DANS LES ARCHIVES DU PALAIS DE
PÉTERHOFF, PRÈS SAINT-PÉTERSBOURG.

« Au nom de la très-sainte et indivisible Trinité,
nous, Pierre, empereur et autocrate de toutes les Russies, etc., à tous nos descendants et successeurs au
trône et gouvernement de la nation russienne.

pu lever le voile et publier, entre autres papiers inédits, ce document important. Il s'exprime en ces termes :

« Enfant du pays qui vit naître le chevalier d'Éon, où se passa son en-
fance et une partie de sa jeunesse, qu'habita pendant plusieurs siècles sa
famille, et où se trouvent encore quelques-uns de ses alliés, nous savions
que ces derniers possédaient les papiers du célèbre chevalier ; papiers dont
il avait remis lui-même une portion entre leurs mains, aux heures de sa
disgrâce, et dont l'autre avait été recouvrée par eux, en leur titre d'héritiers, après sa mort.

« Ces documents étaient restés intacts et inédits jusqu'à ce jour. C'était
une sorte de dépôt sacré que la famille avait respecté et dont elle avait
tenu les secrets religieusement fermés, comme ces appartements qu'on
laisse clos, pendant des années, aux regards des profanes, par respect pour
les cendres ou par la volonté de quelque illustre mort. A la fin de l'hiver
dernier, étant à Tonnerre, la patrie du chevalier d'Éon, nous avons obtenu
la levée de ce scellé presque trentenaire*. Nous fûmes redevables de cette
bonne fortune à l'obligeance de M. Jacquillat-Despréaux, dernier dépositaire des papiers dont il s'agit, et l'un de nos compatriotes les plus recom-
mandables sous le double rapport de la position sociale et du savoir.

Non-seulement M. Despréaux mit à notre disposition les documents hé-
réditaires qu'il possédait, mais il nous aida de tous les renseignements et
de toutes les traditions, tant du pays que de la famille, soigneusement
acquis et conservés par lui...

« Cependant une grave lacune existait dans ces papiers. Voici quelle en
était l'origine :

« Quand le chevalier d'Éon traita avec les gouvernements de Louis XV
et de Louis XVI de sa prise d'habits féminins, une des conditions du traité
fut, comme on le verra, la remise de certains documents restés entre ses

* Le chevalier d'Éon est mort en 1810.

« Le grand Dieu de qui nous tenons notre existence et notre couronne, nous ayant constamment éclairé de ses lumières et soutenu de son divin appui, nous permet, d'après nos vues, que nous croyons celles de la Providence, de regarder le peuple russe comme appelé, dans l'avenir, A LA DOMINATION GÉNÉRALE DE L'EUROPE.

« Je fonde cette pensée sur ce que les nations européennes sont arrivées, pour la plupart, à un état de vieillesse voisin de la caducité, et qu'elles y marchent à grands pas. D'où il suit qu'elles doivent être facilement et indubitablement conquises par un peuple jeune

mains, par suite de ses rapports secrets avec les têtes couronnées de ce temps, et des aventures qui en avaient été le résultat. En outre, depuis la mort du chevalier d'Éon, à Londres, la cour de France avait fait enlever une partie de ses papiers, et les avait déposés aux *Archives du ministère des affaires étrangères*. La Restauration et le gouvernement de Juillet lui-même en avaient refusé constamment la communication ; cependant il était important pour nous de l'obtenir.

« De retour à Paris, nous nous adressâmes, à cet effet, par la voie d'une obligeance intermédiaire*, à M. le duc de Broglie, alors ministre des affaires étrangères. M. de Broglie accueillit notre demande, et l'envoya de lui-même à M. *Mignet*, directeur des chancelleries, qui ouvrit aussitôt, et avec un gracieux empressement, les archives du ministère à nos désirs. Pendant deux mois, nous avons compulsé tous les registres de l'immense période de temps qu'embrasse l'existence politique du chevalier d'Éon. Dans ces registres, nous avons trouvé les doubles d'un grand nombre de titres révélés à nous par les papiers de la famille d'Éon, et toute une moisson de documents nouveaux...

« Le lecteur sait maintenant les sources où nous avons puisé. Il connaît les mines d'où ont été tirés les matériaux à l'aide desquels nous avons construit ces *Mémoires*. Tout y est authentique**. »

Parlant en particulier du testament de Pierre le Grand, l'auteur ajoute :

« En même temps que l'acte de réunion d'Élisabeth au traité de Versailles, le chevalier d'Éon avait apporté avec lui un document précieux, dont il dut la découverte à son intimité sans bornes et à ses investiga-

----

'elle du docteur Koreff, conseiller intime de régence du roi de Prusse.

C. Gaillardet, *Mémoires du chevalier d'Éon*, publiés pour la première fois sur les papiers fournis par sa famille, et d'après les matériaux authentiques déposés aux archives des Affaires étrangères, 2 vol. in-8°; Paris, 1836.

et neuf, quand ce dernier aura atteint toute sa force et toute sa croissance.

« Je regarde cette invasion future des pays de l'Occident par le Nord comme un mouvement périodique arrêté dans les desseins de la Providence, qui a ainsi régénéré le peuple romain par l'invasion des barbares. Il faut comparer ces émigrations des hommes polaires au flux du Nil, qui, à certaines époques, vient engraisser de son limon les terres amaigries de l'Égypte.

« J'ai trouvé la Russie RIVIÈRE, je la laisse FLEUVE; mes successeurs en feront une GRANDE MER, destinée à fertiliser l'Europe appauvrie; et ses flots déborderont malgré toutes les digues que des mains affaibles pour-

tions sans contrôle dans les archives les plus secrètes du palais des tzars.

« Ce document, dont tout le monde a parlé depuis, dont l'existence était connue, mais que nul ne possédait et n'a pu reproduire, fut remis confidentiellement par le chevalier d'Éon, avec un travail spécial sur la Russie, entre les mains de l'abbé de Bernis, ministre des affaires étrangères, et celles de Louis XV lui-même, en 1757. C'est une copie littérale et fidèle du testament laissé par Pierre le Grand à ses descendants et successeurs au trône moscovite. Cette communication nous a paru, nous ne dirons pas seulement de la plus haute curiosité, mais encore de la plus haute gravité historique et politique. Loin de s'être amoindrie et d'avoir vieilli avec les années passées, l'importance en a grandi et rajeuni, pour ainsi dire, avec les temps actuels. Cette pièce contient un exposé général des vues du fondateur de l'empire russe, dévoile ses immenses prévisions, ses gigantesques espérances, et révèle le plan de la route tracée par Pierre, qui doit conduire au rêve colossal édifié dans l'avenir par le cerveau qui avait réalisé de si sublimes choses dans le présent.

« Il n'y avait, comme on le verra, que la tête d'un Pierre I⁰ʳ qui pût engendrer un pareil rêve. L'homme et la pensée sont à la taille l'un de l'autre. Conquête de l'Europe! domination universelle! voilà l'horizon que la puissance de son regard embrasse; l'espace que cette ambition monstrueuse convoite et dévore d'avance. L'aigle du Nord n'avait point assez de ses plages arctiques pour élever son aire; point assez de la Pologne à la Sibérie, de la Turquie à la Perse, de l'Europe à l'Asie, pour prendre son essor. Il se trouvait à l'étroit dans ses vastes steppes. L'œil fixé sur le soleil à son zénith, il se bâtissait à sa hauteur un trône au-dessus du monde, et ne voulait pas moins que l'univers, pour étendre son vol et développer ses ailes. »

ront leur opposer, si mes descendants savent en diriger le cours.

« C'est pourquoi je leur laisse les enseignements dont la teneur suit, et que je recommande à leur attention et à leur *observation constante*, de même que Moïse avait recommandé les tables de la loi au peuple juif.

« I. — Entretenir la nation russienne dans un état de guerre continuelle, pour tenir le soldat aguerri et toujours en haleine ; ne le laisser reposer que pour améliorer les finances de l'État, refaire les armées et choisir les moments opportuns pour l'attaque. Faire ainsi servir la paix à la guerre et la guerre à la paix, dans l'intérêt de l'agrandissement et de la prospérité croissante de la Russie.

« II. — Appeler par tous les moyens possibles, de chez les peuples les plus instruits de l'Europe, des capitaines pendant la guerre et des savants pendant la paix, pour faire profiter la nation russe des avantages des autres pays sans lui faire rien perdre des siens propres.

« III. — Prendre part en toute occasion aux affaires et démêlés quelconques de l'Europe, et surtout à ceux de l'Allemagne, qui, plus rapprochée, intéresse plus directement.

« IV. — Diviser la Pologne en y entretenant le trouble et des jalousies continuelles ; gagner les puissants à prix d'or, influencer les diètes, les corrompre afin d'avoir action sur les élections des rois ; y faire nommer ses partisans, les protéger, y faire entrer les troupes russiennes et y séjourner jusqu'à l'occasion d'y demeurer tout à fait. Si les puissances voisines opposent des difficultés, les apaiser momentanément en morcelant le pays, jusqu'à ce qu'on puisse reprendre ce qui aura été donné.

« V. — Prendre le plus qu'on pourra à la Suède, et
savoir se faire attaquer par elle pour avoir prétexte de
la subjuguer. Pour cela, l'isoler du Danemark, et le Danemark de la Suède, et entretenir avec soin leurs rivalités.

« VI. — Prendre toujours les épouses des princes
russes parmi les princesses d'Allemagne, pour multi-
plier les alliances de famille, rapprocher les intérêts, et
unir d'elle-même l'Allemagne à notre cause en y mul-
tipliant notre influence.

« VII. — Rechercher de préférence l'alliance de
l'Angleterre pour le commerce, comme étant la puissance qui a le plus besoin de nous pour sa marine, et
qui peut être le plus utile au développement de la nôtre.
Échanger nos bois et autres productions contre son or, et
établir entre ses marchands, ses matelots et les nôtres
des rapports continuels, qui formeront ceux de ce pays
à la navigation et au commerce.

« VIII. — S'étendre sans relâche vers le nord, le long
de la Baltique, ainsi que vers le sud, le long de la mer
Noire.

« IX. — Approcher le plus possible de Constantinople
et des Indes. Celui qui y régnera sera le vrai souverain
du monde. En conséquence, susciter des guerres continuelles tantôt au Turc, tantôt à la Perse ; établir des
chantiers sur la mer Noire ; s'emparer peu à peu de
cette mer, ainsi que de la Baltique, ce qui est un double
point nécessaire à la réussite du projet ; hâter la décadence de la Perse ; pénétrer jusqu'au golfe Persique ;
rétablir, si c'est possible, par la Syrie, l'ancien commerce du Levant, et avancer jusqu'aux Indes, qui sont
l'entrepôt du monde.

« Une fois là, on pourra se passer de l'or de l'Angleterre.

« X. — Rechercher et entretenir avec soin l'alliance de l'Autriche; appuyer en apparence ses idées de royauté future sur l'Allemagne, et exciter contre elle, par dessous main, la jalousie des princes. — Tâcher de faire réclamer des secours de la Russie par les uns ou par les autres, et exercer sur le pays une espèce de protection qui prépare la dominatiun future.

« XI. — Intéresser la maison d'Autriche à chasser le Turc de l'Europe et neutraliser ses jalousies lors de la conquête de Constantinople, soit en lui suscitant une guerre avec les anciens États de l'Europe, soit en lui donnant une portion de la conquête qu'on lui reprendra plus tard.

« XII. — S'attacher à réunir autour de soi tous les Grecs schismatiques qui sont répandus soit dans la Hongrie, soit dans le midi de la Pologne ; se faire leur centre, leur appui, et ÉTABLIR D'AVANCE UNE PRÉDOMINANCE UNIVERSELLE PAR UNE SORTE DE ROYAUTÉ OU DE SUPRÉMATIE SACERDOTALE : ce seront autant d'amis qu'on aura chez chacun de ses ennemis.

« XIII. — La Suède démembrée, la Perse vaincue, la Pologne subjuguée, la Turquie conquise, nos armées réunies, la mer Noire et la mer Baltique gardées par nos vaisseaux, il faut alors proposer séparément et très-secrètement, d'abord à la cour de Versailles, puis à celle de Vienne, de partager avec elles l'empire de l'univers.

« Si l'une des deux accepte, ce qui est immanquable en flattant leur ambition et leur amour-propre, se servir d'elle pour écraser l'autre : puis écraser à son tour celle qui demeurera, en engageant avec elle une lutte qui ne saurait être douteuse, la Russie possédant déjà en propre tout l'Orient et une grande partie de l'Europe.

« XIV. — Si, ce qui n'est pas probable, chacune d'elles refusait l'offre de la Russie, il faudrait savoir leur susciter des querelles et les faire s'épuiser l'une par l'autre. Alors, profitant d'un moment décisif, la Russie ferait fondre ses troupes, rassemblées d'avance, sur l'Allemagne, en même temps que deux flottes considérables partiraient l'une de la mer d'Azof et l'autre du port d'Archangel, chargées de hordes asiatiques, sous le convoi des flottes armées de la mer Noire et de la mer Baltique. S'avançant par la Méditerranée et l'Océan, elles inonderaient la France d'un côté, tandis que l'Allemagne le serait de l'autre, et, ces deux contrées vaincues, le reste de l'Europe passerait facilement et sans coup férir sous le joug.

« Ainsi peut et doit être subjuguée l'Europe. »

« Cette communication, dit le chevalier d'Éon, fut traitée sans importance par les ministres de Versailles ; on en jugea les plans impossibles et les vues chimériques. En vain de mon lit de douleur je rédigeai et j'envoyai des mémoires particuliers au roi, à M. le maréchal de Belle-Isle, à M. l'abbé de Bernis, à M. le marquis de l'Hospital, qui venait d'être nommé ambassadeur à Saint-Pétersbourg en remplacement du chevalier Douglass, et enfin à M. le comte de Broglie, ambassadeur en Pologne, pour leur déclarer que l'*intention secrète* de la cour de Russie était, à la mort imminente d'Auguste III, de garnir la Pologne de ses troupes pour s'y rendre maîtresse absolue de l'élection du roi futur, *conformément au plan de Pierre le Grand :* toutes mes ouvertures furent considérées sans attention sérieuse, parce que sans doute elles venaient d'un jeune homme ; mais on éprouve en ce jour (1778) les funestes effets de la prévention que l'on eut alors contre mon âge [1]. »

---

[1] Gaillardet, t. I, p. 168 et suiv.

XXXII

Quand on nierait l'authenticité du testament de Pierre Ier, l'expérience ne laisserait aucun doute sur la pensée traditionnelle de la Russie. Elle nous crie qu'il n'est pas permis de regarder la conduite de l'empereur Nicolas comme un *coup de tête*; qu'il faut y voir le résultat d'un plan général, et un pas en avant sur une route depuis longtemps tracée; en un mot, que le czar actuel continue l'œuvre non interrompue de ses prédécesseurs. En effet, l'histoire d'un siècle et demi montre avec quelle persévérante habileté les successeurs de Pierre le Grand ont élargi le fleuve russe et en ont dirigé les flots de plus en plus menaçants. Réunir sous leur sceptre schismatique toutes les populations d'origine slave, employer les moyens de toute nature pour conquérir chez toutes les nations des sujets et des fidèles : cette politique ténébreuse, mais invariable, se montre maintenant au grand jour.

En Orient, conquêtes incessantes dans le nord de l'Asie jusqu'aux frontières de la Chine; envahissement successif de l'empire ottoman par des guerres habilement provoquées et suivies de traités qui font du sultan le vassal du czar, et qui aplanissent à ce dernier la route de Constantinople. Ce sont, en 1774, 1784, 1792, les traités de Routschouk-Kaïnardji, de Constantinople et de Jassy, qui enlèvent à la Turquie la Crimée, le Kouban, la Géorgie et une partie de ses possessions dans le Caucase; en 1812, le traité de Bucharest, qui donne au czar la Bessarabie et porte la frontière russe sur le Pruth; en 1829, celui d'Andrinople, qui lui donne, avec de nombreuses forteresses, les îles à l'embouchure du Danube et une grande étendue des côtes de la mer Noire; en 1833, celui d'Unkiar-Skelessi, qui exige de la Turquie la fermeture du détroit des Dardanelles à tout bâtiment de guerre étranger; en 1849, celui de Balta-Liman, qui consacre le protectorat russe sur la Moldavie et la Valachie avec le droit d'occupation, etc., etc.

Intrigues en Grèce, dont leur prépondérance fit de la profession du schisme la condition de la royauté [1], et que leur influence secrète rend aujourd'hui complice de leur ambition.

Intrigues en Terre Sainte, où leurs fanatiques partisans sont devenus les spoliateurs audacieux des catholiques et un sérieux embarras pour l'autorité musulmane.

Intrigues de tout genre en Arménie et en Perse, pour se frayer la route des Indes en amenant la vaste confédération de 1844.

En Occident, ruine et confiscation de la Pologne, avec la pensée arrêtée, hélas! et à peu près réalisée, de niveler cet unique boulevard de l'Europe méridionale.

Intrigues en Suède et en Danemark, afin de devenir peu à peu les maîtres de la Baltique.

Intrigues dans la Russie-Blanche, en Gallicie, en Hongrie, où ils ont obtenu par l'or et par la ruse la défection instantanée de plusieurs millions de catholiques.

Intrigues en Prusse, qu'ils trouvèrent moyen, après les désastres de 1807, de dépouiller d'une de ses provinces; qu'ils voulaient, en 1829, priver des provinces rhénanes en les donnant aux Bourbons, pour obtenir Constantinople en échange; qu'ils menaçaient

---

[1] *Constitution de la Grèce*, art. 40.

de la guerre en 1850, et dont ils convoitent aujourd'hui les possessions orientales, afin d'avoir la Vistule pour frontière.

Intrigues en Autriche, pour l'intéresser tantôt à la conservation, tantôt au partage de la Turquie; pour lui faire réclamer les secours de la Russie, et, en récompense des services rendus, exercer sur elle une pression chaque jour plus forte.

Intrigues en Italie, afin de créer des embarras à l'Autriche et au Saint-Siége, en offrant aux sociétés secrètes le moyen de réaliser leur rêve fovori, la formation de la République ausonienne.

Intrigues en Angleterre, soit pour préparer le partage de l'empire ottoman, soit pour dérober le secret de toutes les découvertes utiles, soit pour se faire représenter comme les conservateurs des grands principes d'ordre politique et social, soit pour détourner l'attention de leurs odieuses menées dans le Nord, soit enfin pour se ménager l'occasion de jeter un jour le poids entraînant de leur influence anticatholique dans la balance des intérêts de l'Europe méridionale.

Intrigues en France même, où leurs nombreux agents officiels ou cachés ne laissaient, naguère, échapper aucune occasion d'acheter les éloges ou le silence des grands journaux, des artistes et de la littérature.

<h1 style="text-align:center">XXXIII</h1>

Depuis la campagne *incomprise* de 1812, les nations occidentales, tout entières à leurs querelles intestines ou à leurs préoccupations mercantiles, avaient cessé de s'occuper de la Russie, ou ne l'avaient considérée que comme un débouché pour leurs produits. Toutefois, l'accroissement incessant de ce colosse du Nord, l'incertitude de savoir quelle résistance sérieuse l'Europe méridionale, divisée et affaiblie, pouvait lui opposer, n'a jamais cessé d'inspirer, depuis quatre-vingts ans, les plus graves inquiétudes aux hommes préoccupés de l'avenir. « Il est à désirer, écrivait M. de Bonald, que la Pologne, au travers de laquelle les nations du Nord pourraient s'ouvrir un passage, acquière, avec une constitution fixe, toute la force de résistance dont elle est susceptible. Rousseau, dont il faut souvent saisir les aperçus, et rarement les principes, pronos·tique que les *Tartares deviendront nos maîtres.* « Cette « révolution, dit-il, *me paraît infaillible :* tous les rois de « l'Europe travaillent de concert à l'accélérer ; » et, quoique ce danger ne soit peut-être pas aussi prochain que cet auteur paraît le penser, qui oserait, après ce que nous avons vu, fixer les progrès de cinq à six cent mille Tartares conduits par un Attila ou un Tamerlan, que la Turquie aux abois verserait sur l'Europe, et qui pourraient compter parmi nous sur deux alliés fidèles, nos divisions et nos jalousies [1] ? »

A mesure que le danger est devenu plus manifeste, l'inquiétude aussi est devenue plus vive et plus générale. «Une crainte surtout nous préoccupe, dit le savant auteur de l'*Histoire universelle de l'Église,* c'est que dans quarante ou cinquante ans la *France ne devienne une province russe,* gouvernée par quelque chef de Cosaques. Comme on le voit par leurs vies et leurs écrits, c'était la grande préoccupation de Napoléon, du cardinal Consalvi, du comte d'Hauterive, trois hommes vraiment politiques. LES PENSEURS DE L'ALLEMAGNE PROTESTANTE CRAIGNENT LE MÊME SORT POUR LEUR PAYS. Ils n'y voient de remède que dans l'unité nationale et reli-

____

[1] *Théorie du pouvoir,* liv. VII, p. 518.

gieuse de l'Allemagne. Mais comment y parvenir? Le protestantisme est le principe même de l'anarchie.

« Il n'y a qu'un moyen : c'est de revenir à l'ancienne unité de l'Église catholique. Tel est le but d'un ouvrage bien remarquable publié l'année dernière (1843) par un savant protestant, Herman Kauber. Tous ces hommes sentent, comme nous, qu'il n'y a dans le fond, qu'il n'y aura bientôt, même extérieurement, que *deux partis* en France, en Europe et dans le monde entier : le *parti moscovite* et le *parti catholique* [1]. »

XXXIV

La Russie était aussi la grande préoccupation de l'illustre Donoso Cortès. Longtemps avant la crise actuelle (en 1839), ce nouveau de Maistre, dont les vues politiques étaient si étendues et si élevées, s'exprimait en ces termes :

« Si nous cherchons l'origine du profond changement qu'ont éprouvé les alliances européennes depuis 1830, nous la trouvons dans le développement que, depuis lors, a atteint la question d'Orient. Question immense, énigme redoutable, du mot de laquelle dépendent les destinées futures du genre humain, et qui effraye l'imagination et l'entendement.

« Les générations présentes contemplent un grand spectacle : elles assistent à l'agonie prolongée d'un monde qui, dès le principe des choses, a été le berceau de tous les peuples, la source de toutes les religions, de toutes les sciences, et qui, aujourd'hui, ombre de lui-même, ne se tient debout que parce qu'il appuie sa

---

[1] Rohrbacher, *Tableau des conversions*, etc.

languissante décrépitude sur les épaules d'un autre monde. Si l'Orient existe encore, c'est que l'Occident le soutient : mais il n'y a pas de civilisation assez puissante pour fortifier de son contact une civilisation en décadence, ni d'appui assez solide pour soutenir les empires qui croulent. Le vieil Orient expire, laissant un un immense héritage et un vide immense.

« Qui remplira ce vide ? Qui recueillera cet héritage ? Tous les peuples d'Occident seront-ils appelés à revêtir ces vêtements splendides, à se partager ces inépuisables trésors, à posséder ces fabuleuses régions ? Et, si tous les peuples d'Occident ne sont pas appelés, quel est le peuple appelé ? Quel est l'heureux peuple a qui le sort départit l'empire de la terre ? Car celui-là sera le maître de la terre, qui pourra étendre sa domination jusqu'aux limites les plus reculées de l'Orient. Une fois la catastrophe arrivée, une fois consommée la prise de possession de l'Orient par un peuple, quel est l'avenir de l'Europe ? Quelles sont ses nouvelles destinées en présence de ce peuple assis sur les deux pôles ? Les hommes attendent l'heure de la Providence, pour savoir ou se lèvera la nouvelle aurore des temps nouveaux.

« La question d'Orient date de cinquante ans, espace de temps où commence et se consomme, on peut le dire, la décadence précoce de l'empire des Osmanlis, et où commence et se consomme l'agrandissement prodigieux des Russes. Jamais les hommes n'ont vu en aussi peu d'années les puissants descendre si bas et les faibles s'élever à une si étonnante hauteur.

« Ce qui s'appelle aujourd'hui l'empire russe était encore, au dix-septième siècle, le grand-duché de Moscovie. Lorsque Pierre le Grand parvint au trône, il n'avait que seize millions de sujets, toujours exposés, avant cette époque, aux incursions et même à la domination

des peuples qui bordaient ses frontières. L'Europe con-
naissait de nom seulement ce peuple barbare, relégué
dans les neiges du pôle.

« Cependant la révolution de 1789 vient troubler le
monde et agiter sur leur sol toutes les nations. L'Angleterre, prenant à sa solde l'Europe contre la France, pro-
digue principalement ses trésors à la Russie, et la conduit par la main en Allemagne, en Italie, à Paris. En
1812, la Russie étant en guerre avec la Turquie, l'Angleterre, pour la débarrasser et la rendre libre de
tourner son armée du Danube contre la France, force
les Dardanelles, oblige le Sultan à signer la paix de
Bucharest, et à céder à la Russie la Bessarabie et la Moldavie jusqu'au Pruth. Déjà, à une époque antérieure, lorsque les Français firent irruption en Égypte, l'Angleterre, ambitionnant l'alliance des Russes, les avait mis
en possession de Corfou et des îles Ioniennes. Il résulte
donc de là que l'Angleterre, par un dessein secret de
la Providence, a donné elle-même des forces au géant
qui menace aujourd'hui son empire : c'est elle qui lui
a ouvert les portes de l'Orient et de l'Occident; qui l'a
mené en triomphe à travers l'Allemagne, la France et
l'Italie ; qui, pour exciter sa cupidité, lui a montré du
doigt la cité la plus belle, le lac le plus beau de la terre,
la Méditerranée et ses trésors, Constantinople et son
soleil.

« En même temps que la Russie étend son influence
politique dans les alliances et dans les transactions de
l'Europe, elle agrandit son territoire et augmente sa
population d'une manière si démesurée, que ce qui
était hier un obscur duché est aujourd'hui le plus vaste
empire du monde.

« Ses conquêtes n'ont alarmé sérieusement les nations qu'en 1828, époque où, s'étant emparée de Warna,

elle s'ouvrit un chemin par les gorges jusqu'alors inac-
cessibles du Balkan, et imposa la paix honteuse d'Andrinople, en vertu de laquelle elle devint maîtresse d'une
partie de l'Arménie et des principales forteresses de la
Géorgie, et par laquelle fut reconnue et sanctionnée
son intervention dans les gouvernements de la Moldavie, de la Valachie et de la Servie, qui dès lors purent
avec raison s'appeler provinces russes.

« Tel était l'état des choses lorsque, quatre ans
après, les hostilités ayant éclaté entre le sultan et
l'ambitieux pacha d'Égypte, la fortune se déclara
pour le sujet rebelle. Perfidement généreuse, la Russie offrit alors sa protection au Sultan, sachant bien
que la protection est un plus sûr moyen de conquête que la guerre. Les anciens Romains le savaient,
ces maîtres dans l'art d'asservir les peuples, ces fameux républicains qui devaient leur domination universelle plus encore à la persévérante astuce et à
l'habileté de leurs patriciens qu'à la valeur disciplinée
de leurs légions. Rome ne vainquit jamais que pour
avoir le droit de protéger le vaincu, et les vaincus re-
doutèrent moins ses victoires que son protectorat : la
servitude qu'impose un protecteur est plus humiliante
que celle qu'infligent les hasards de la guerre et les re-
vers de la fortune.

« La Russie est l'héritière de cette politique, dont
les conquérants du monde dans les temps anciens
n'ont pas eu sujet de se repentir. La Pologne perdit
sa liberté et son indépendance, lorsque les Russes
pénétrèrent dans ses tumultueux comices pour protéger cette indépendance et cette liberté ; et du jour
où la Russie s'est déclarée protectrice de sa nationalité
et de sa constitution dans le congrès de Vienne, il ne
fut pas difficile de deviner qu'elle allait perdre sa con-

stitution, sa nationalité et jusqu'à son nom. C'est ainsi que la Russie est devenue maîtresse de la Perse, non parce qu'elle l'a vaincue, mais parce qu'après l'avoir vaincue elle l'a protégée. C'est ainsi qu'elle domine sans opposition dans les conseils du sultan, non parce qu'elle a vaincu le sultan sur les champs de bataille, mais parce qu'elle l'a protégé contre le pacha rebelle, recevant en échange de sa protection la clef des Dardanelles, pour laquelle elle aurait donné le plus pur sang de ses veines.

« Le pouvoir de Constantinople étant si faible, celui de la Russie si démesuré, et cette dernière puissance étant maîtresse des destinées de l'autre par le traité qui lui ouvre les Dardanelles, il n'est certes pas étonnant que l'Europe s'attache de préférence dans les questions politiques à la question d'Orient, et que les nouvelles alliances s'ordonnent par rapport à cette question actuellement dominante.

« L'Autriche et la Prusse commencent à redouter les aigles ambitieuses de la Russie, plus que le pacifique drapeau aux trois couleurs. La Prusse, avec ses treize millions d'habitants, formant moins une nation qu'un campement confus de Polonais, d'Autrichiens, de Saxons, de Suédois, d'Allemands et de Français, avec sa configuration évidemment vicieuse et avec ses deux religions rivales, voit avec épouvante le gigantesque développement de la Russie, qui peut jeter à ses portes de grandes armées, unies entre elles par les liens d'une même religion et d'une même race.

« Quant à l'Autriche, empire décrépit déjà et caduc, composé d'États qui furent indépendants et qui s'en souviennent, d'États qui conservent encore leurs idiomes primitifs, de diverses capitales qui ont chacune des opinions qui lui sont propres, des sympathies auxquelles

elles ne peuvent renoncer, des antipathies qu'elles ne veulent pas vaincre, l'Autriche, après l'Angleterre, doit, plus qu'une autre puissance, redouter l'agrandissement russe et la question d'Orient. Plus de quatre millions de ses sujets appartiennent à la religion grecque, dont le pontife est l'autocrate de toutes les Russies, et deux de ses meilleures provinces sont peuplées de la race indomptée des Slaves, que l'autocrate dirige et que la force d'assimilation pousse à agrandir ses domaines. Le jour où les Russes s'empareront de Constantinople, l'Autriche sera effacée du livre des grandes puissances, et c'est le premier pas pour sortir du livre des nations. »

XXXV

Avant Donoso Cortès nous avons nommé Napoléon et le comte d'Hauterive ; il importe de connaître au juste le sentiment de ces deux *grands politiques* sur la question russe et l'avenir de l'Europe. Dans l'un, le coup d'œil pénétrant du génie, la connaissance profonde des hommes et des choses ; dans l'autre, le sang-froid du philosophe et l'initiation à tous les secrets de la diplomatie ; dans tous les deux la précision du langage, donnent, on ne peut le nier, un grand poids à leur opinion et demandent qu'elle soit prise en considération sérieuse.

XXXVI

En 1805, le comte d'Hauterive écrivait dans sa correspondance diplomatique : « La Russie aspire à s'étendre, parce que la partie civilisée de ce vaste empire supporte impatiemment de vivre sous un climat rigoureux et de commander à une population barbare. Le gouvernement, qui suit, sans s'en douter, ces impressions, est poussé par l'impulsion de tout ce qui l'entoure à lutter sans cesse contre les barrières que l'opinion, les mœurs, la civilisation, la politique des autres États lui opposent, et qui semblent le reléguer dans une contrée étrangère à l'Europe.

« La Russie, en temps de guerre, cherche à conquérir sur ses voisins; en temps de paix, elle cherche à maintenir non-seulement les pays qui sont près d'elle, mais *tous les pays du monde dans une confusion de défiance, d'agitation et de discorde....*

« Ce qui est arrivé dans tous les temps doit arriver dans tous les temps. Quand on voit dans l'histoire une certaine uniformité d'événements à des époques différentes, on peut être assuré que cette uniformité tient à des causes invariables et qui sont prises dans la nature. Il importe peu de connaître et de discuter ces causes : de telles recherches sont du domaine de l'érudition. C'est aux faits que la politique s'attache : elle les recueille, les constate, et s'assure, par la constance de certains résultats, qu'à quelque période de temps que les mêmes causes agissent, les mêmes événements doivent se reproduire. Les habitants du Nord ont sans cesse désolé le monde.... »

L'éminent diplomate énumère les ravages causés par les Goths et les Huns, qu'on peut considérer comme les deux grandes familles dévastatrices de l'Europe. Soit par elles-mêmes, soit par la multitude presque infinie de peuplades sorties de leur sein, et connues sous mille dénominations différentes, elles ont successivement démoli, pierre à pierre, l'immense édifice de la grandeur romaine. S'élançant des Palus Méotides, elles s'établirent sur les bords du Danube, et elles épouvantèrent l'occident de l'Europe, après en avoir conquis le midi.

Il ajoute : « Si les divisions de l'Europe continuent de dégrader le caractère et de ruiner la majesté du pouvoir, le plus grand reproche que les générations futures auraient à nous faire serait de n'avoir pas appliqué toute notre prévoyance et dirigé tous nos efforts *dans la vue d'arrêter les progrès de la Russie vers le midi*. On sait tout ce que cette puissance a déjà usurpé en Europe et en Asie.

« Voici quelles doivent être les suites naturelles et prochaines de cette extension : « Elle tend à *détruire l'empire ottoman ; elle tend à détruire l'empire d'Allemagne*. Sur ce double objet, il ne faut pas s'arrêter aux vaines professions de modération et de justice dont la Russie fait ostentation.

« Lorsque Catherine envahit la Crimée et la Pologne, elle fit précéder ses invasions de manifestes remplis de déclarations tellement magnanimes, tellement pathétiques, qu'on aurait cru qu'elle n'entreprenait pas la guerre pour elle, qu'elle était excitée par le motif de la générosité la plus désintéressée, et qu'elle allait enfin conquérir sur des usurpateurs ces divers pays pour les remettre à leurs souverains légitimes[1].

« La Russie n'ira pas directement et simultanément à son but. A moins de circonstances extrêmement engageantes, elle n'attaquera pas Constantinople, mais elle minera sourdement les bases de cet empire décrépit. Elle fomentera des intrigues ; elle favorisera la rébellion des provinces ; elle protégera l'insolence des

---

[1] Voir en particulier la lettre de Catherine II à Stanislas-Auguste, roi de Pologne, 17 octobre 1766. — *Recueil de documents*, etc., t. II, p. 346.

sujets ; elle parviendra à commander à Constantinople, et à dicter au cabinet toutes les déterminations qui paraîtront les plus propres à le maintenir dans un état constant et progressif d'affaiblissement et de dégénération. En agissant ainsi, elle ne cessera de professer les sentiments les plus bienveillants pour la Sublime Porte : elle se dira toujours l'amie, la protectrice de l'empire ottoman.

« La Russie n'attaquera pas ouvertement la maison d'Autriche, mais elle étendra toujours la ligne de continuité, qui la met en contact avec les provinces autrichiennes. Elle S'EMPARERA DE LA MOLDAVIE ET DE LA VALACHIE : elle exercera bientôt en Servie l'influence qui depuis quinze ans met à sa disposition le gouvernement et l'administration des provinces que l'empire ottoman possède encore nominalement sur les rives septentrionales du Danube. Cette influence la conduira en peu de temps à s'emparer de la Servie. Une fois voisine de la Hongrie, elle S'OCCUPERA DU SOIN D'ENTRETENIR DANS LE ROYAUME LES MÊMES GERMES DE DISSENSION qu'elle a, si heureusement pour elle, semés en Turquie. LA HONGRIE AURA UNE FACTION RUSSE, QUI, COMME CELLE DES GRECS, SERA INTÉRESSANTE PAR SES MALHEURS, PAR SON ÉNERGIE OPPRESSIVEMENT RÉPRIMÉE, ET PAR SON ARDENT AMOUR DE LA LIBERTÉ. En peu d'années la Hongrie se placera sous la protection de la Russie ; elle échappera à la domination autrichienne et deviendra ensuite une province moscovite. Alors il n'y aura plus de cour de Vienne ; alors nous, nations occidentales, nous aurons perdu une des barrières les plus capables de nous défendre contre les incursions de la Russie. »

XXXVII

Plusieurs fois Napoléon s'est exprimé au sujet de la Russie de manière à ne laisser aucun doute sur les craintes que lui inspirait, pour l'avenir de l'Europe occidentale, l'agrandissement démesuré de cette puissance.

Voici, entre autres, ce qu'en 1817 il disait, à Sainte-Hélène, au docteur O'Méara : « D'ici à quelques années la Russie s'emparera de Constantinople, de la plus grande partie de la Turquie et de toute la Grèce. Je regarde cela COMME AUSSI CERTAIN QUE SI LA CHOSE ÉTAIT DÉJA FAITE. Presque toutes les cajoleries d'Alexandre à mon égard avaient pour but de me faire consentir à l'exécution de ce projet. Je m'y opposai, prévoyant que l'équilibre de l'Europe serait détruit.

« D'après le COURS NATUREL DES CHOSES, la Turquie tombera au pouvoir de la Russie. Une grande partie de sa population est composée de Grecs, et l'on peut dire que les Grecs sont Russes.

« Les puissances à qui cet agrandissement peut nuire, et qui pourraient s'y opposer, sont : l'Angleterre, la France, la Prusse et l'Autriche.

« Quant à l'Autriche, il *sera très-facile à la Russie d'obtenir son alliance* en lui donnant la Servie et d'autres provinces limitrophes des États autrichiens, qui s'étendent jusque près de Constantinople.

« Si jamais l'Angleterre s'allie de bonne foi avec la France, ce sera pour empêcher l'exécution de ce projet. Mais *cette alliance même ne suffirait pas.* La France, l'Angleterre et la Prusse réunies ne sauraient s'y opposer. La Russie et l'Autriche pourront l'effectuer *en tout temps.*

« Une fois maîtresse de Constantinople, la Russie a tout le commerce de la Méditerranée, devient une grande puissance maritime : et Dieu sait ce qui en résultera [1]. Elle vous cherche querelle, fait marcher sur l'Inde une armée de soixante-dix mille bons soldats, ce qui n'est rien pour la Russie ; y joint cent mille canailles de Cosaques et autres barbares, et l'Angleterre perd l'Inde. De toutes les puissances, la Russie est la plus redoutable, surtout pour vous, Anglais. Ses soldats sont plus braves que les Autrichiens, et elle peut en lever autant qu'il lui plaît. En bravoure, les soldats français et anglais sont les seuls qu'on puisse leur comparer. Tout cela, je l'avais prévu : *Je vois dans l'avenir plus loin que vous.*

« Aussi je voulais opposer une barrière à ces barbares en rétablissant le royaume de Pologne et en mettant sur le trône Poniatowski ; mais vos imbéciles de ministres ne voulurent jamais y consentir.

« Dans cent ans on m'encensera ; et l'Europe, surtout l'Angleterre, regrettera que mon projet n'ait pas réussi. Quand on verra l'Europe ENVAHIE DEVENIR LA PROIE DES BARBARES DU NORD, on dira : NAPOLÉON AVAIT RAISON [2]. »

XXXVIII

Le vrai danger de l'Europe, c'est la Russie ; ce danger est formidable ; chaque jour il devient plus imminent. Nations occidentales, soyez sur vos gardes : voilà ce que répètent d'une voix unanime les hommes qui,

---

[1] Effrayé comme Napoléon des agrandissements de la Russie, Frédéric le Grand disait : « Si les Russes sont à Constantinople, on les verra huit jours après à Kœnigsberg. »

[2] *Mém. du docteur O'Méara*, t. II, p. 75. Édition in-12, 1822.

depuis quatre-vingts ans, ont été le mieux placés pour apprécier le cours et la nature des événements. La lutte actuelle n'ôte rien à la gravité de leurs paroles. Toutefois, malgré ces avertissements solennels et presque prophétiques; malgré la force menaçante de la Russie, nous osons le redire et le redire avec confiance : N'AYONS PAS PEUR DES RUSSES; MAIS AYONS PEUR DE NOUS. Notre plus grand danger n'est pas hors de chez nous, il est chez nous. C'est nous qui avons fait la Russie; et, si la Russie doit vaincre, c'est nous qui la rendrons victorieuse.

La Russie ne serait pas ce qu'elle est si les nations occidentales fussent restées ce qu'elles étaient et ce qu'elles devaient être. Catholiques comme au temps de saint Louis et de saint Édouard, elles n'auraient jamais substitué à la politique de la foi, qui les unissait contre la barbarie antichrétienne en un indestructible faisceau, la politique dissolvante des intérêts. Jamais elles n'auraient pavé la route des czars, les unes en accomplissant, les autres en sanctionnant le plus grand acte de sotte iniquité des temps modernes, le partage de la Pologne. Un boulevard puissant arrêterait aujourd'hui le géant du Nord; et, par un trop juste retour, la Prusse et l'Autriche ne seraient pas menacées de devenir des provinces moscovites. La France et l'Angleterre n'auraient pas, tour à tour, dans l'intérêt de leurs rivalités incessantes, favorisé l'agrandissement démesuré de cet empire. Enfin, si dans les conseils de la Providence, qui ne laisse jamais impunis sur la terre les crimes des nations, la Russie devait être, pour l'Europe coupable, ce que fut Assur pour la Judée infidèle, la civilisation païenne et les iniquités inouïes qu'elle enfante depuis quatre siècles ne donneraient pas au fléau une si redoutable puissance. La Russie est donc en grande partie notre ouvrage. « Tous les rois de l'Europe, disait déjà J.-J. Rousseau, y travaillent de concert. »

Citons un seul exemple.

En 1764, l'élite de la nation polonaise prend la résolution d'introduire dans la constitution des améliorations salutaires. Aussitôt Catherine et Frédéric font un traité secret pour s'y opposer. On ne peut rien imaginer de plus odieux que ce contrat fait, avec préméditation, contre un voisin malheureux et inoffensif, se débattant dans le naufrage, afin de lui ravir la planche de salut et le replonger dans l'abîme.

A côté de ce machiavélisme scandaleux, n'est-il pas singulier de voir le rôle que jouait la France ? Le cabinet de Versailles pressentait bien les conséquences de l'agrandissement de la Russie ; il voyait avec peine sa propre influence dans le Nord anéantie, et comprenait parfaitement que par la Pologne seule il pouvait la rétablir. Que fait-il ? Pour faire dominer sa politique en Pologne, il y souffle la guerre civile ; pour la fortifier, il appuie les fauteurs des abus dissolvants ; pour traverser les plans de la Russie, il fait tout ce qui doit en précipiter l'accomplissement.

En vain Stanislas-Auguste provoque-t-il auprès du cabinet de Versailles, par un agent sûr et secret, un appui franc et décidé ; en vain promet-il, dans ce cas, de faire cause commune avec les confédérés de Bar : Choiseul ne veut rien entendre [1].

XXXIX

A l'heure solennelle où nous sommes arrivés, profitons du moins des fautes de nos pères : ayons peur de

---

[1] Voir *Documents*, etc., t. II, 315.

nous. Les deux grandes puissances de l'Occident font marcher ensemble leurs vaillantes armées de terre et de mer pour attaquer à la fois les deux flancs du colosse ; elles ont bien fait : jamais guerre plus juste et plus politique ne pouvait les unir. Elles se montrent décidées à épuiser tous les moyens d'une lutte énergique, si longue qu'elle puisse être ; elles ont bien fait. Elles s'engagent solennellement à ne s'approprier, quelles que soient les éventualités des combats, aucune province de l'empire ottoman ; elles ont bien fait.

Qu'elles restent sincèrement, intimement unies pendant toute la durée de la guerre, elles feront mieux encore : la victoire est à ce prix. Pour cela, qu'elles aient peur d'elles-mêmes, peur de l'esprit de rivalité et d'ambition, peur de leur amour-propre national, peur surtout des *ferments de division que la Russie ne manquera pas de semer entre elles.*

Qu'elles restent unies après le triomphe. La défaite du czar ne finit pas la question d'Orient. On reconnaît en principe que l'équilibre de l'Europe demande la conservation de l'empire ottoman. Mais la Turquie est trop faible pour se soutenir elle-même. Qui la protégera contre le puissant ennemi qui est à ses portes ? La protection sera-t-elle onéreuse ou gratuite ? Qui en tracera les caractères et en fournira les éléments ? L'occupation armée sera-t-elle maintenue, ou le sultan sera-t-il défendu seulement par des traités ?

Et puis, que fera-t-on de la Grèce ? Ce royaume vassal et complice occulte de la Russie sera-t-il conservé, et à quelles conditions ? Sera-t-il partagé ? Qui fera le partage et entre qui se fera-t-il ? Par quels moyens rassurer la Prusse et surtout l'Autriche, déjà si effrayées des agrandissements possibles de la France et de l'Angleterre ?

Et la Pologne, sera-t-elle oubliée? Relèvera-t-on ce boulevard de l'Europe occidentale? Laissera-t-on libre la route de Pétersbourg à Berlin et à Vienne, et de là sur le Rhin? Comment se mettra-t-on d'accord sur la restauration de cette puissance protectrice?

Enfin, la question si grave des Lieux Saints, comment sera-t-elle réglée? Qui assurera l'honneur et les droits de la France et des Latins, tout en conciliant les intérêts opposés du protestantisme et du catholicisme?

C'est dans le cours de ces négociations épineuses que les nations occidentales doivent surtout avoir peur d'elles-mêmes. Il faut l'espérer, un désintéressement sans arrière-pensée dictera leurs conventions et assurera l'exécution loyale des traités. Alors tout ce qu'on peut attendre d'elle, la sagesse humaine l'aura fait.

LX

Mais il est une autre sagesse plus sûre, dont il faut aussi prendre les conseils. Cette sagesse dit à l'Angleterre et à la France : «Toute nation révoltée contre le Roi suprême est menacée de périr [1]. Ayez peur de vos iniquités : voilà les véritables Russes que vous avez à craindre. LES MEILLEURS SOLDATS DU CZAR SONT LES PÉCHÉS DE L'EUROPE. En vain le guerrier se revêt de son armure ; pour vaincre, il faut que Dieu combatte avec lui. Devant l'arbitre souverain de la victoire, les iniquités constituent les nations à l'état d'obstacles ; et, plus tôt ou plus tard, les obstacles à la royauté divine sont brisés. »

Pour se rassurer et se dispenser du repentir, les nations occidentales sont-elles fondées à compter d'une

---

[1] Gens enim et regnum quod non servierit tibi peribit. (Is., LX, 12.)

manière absolue, sur ce qu'on entend dire chaque jour :
« Dieu nous a déjà sauvés tant de fois, qu'il y a lieu
d'espérer un nouveau miracle de miséricorde : d'ailleurs, il se fait tant de bien parmi nous, les vrais chrétiens sont si fervents, que nous ne saurions périr ? »

Il est vrai, plusieurs fois, dans ces derniers temps,
Dieu nous a préservés de catastrophes imminentes, qui
pouvaient être fatales. S'il nous a laissés vivre, c'est
sans doute afin de nous donner le temps de revenir à
lui. Y sommes-nous revenus?... Portons nos regards,
non sur telles ou telles individualités, mais sur l'ensemble de la société. Que sont les mœurs publiques,
et les tendances générales en France, en Angleterre,
en Allemagne, en Italie? Demandons aux statistiques
officielles si, depuis soixante ans, il y a progrès en
bien ou en mal? Si l'on veut, laissons même de côté ce
grand symptôme, pour nous attacher au point capital,
et cherchons quel principe chrétien est rentré dans le
code des nations? Quel mouvement de retour a été fait
par les sociétés, en vue de se replacer sous la Royauté divine? S'il est vrai que le petit nombre seulement a pro-
fité des leçons de la Providence, tandis que la masse
n'en a tenu aucun compte; s'il est vrai que la plupart
des nations, comme nations, n'ont pas encore reculé
d'un pas dans la voie où elles marchent depuis trop
longtemps : n'est-il pas à craindre, à moins que l'abus
des grâces ne soit un titre à la miséricorde, que notre
attente d'un nouveau miracle de salut ne repose plutôt
sur nos désirs que sur des motifs solidement fondés?

Sans doute il se fait beaucoup de bien parmi nous,
et la ferveur des vrais chrétiens est exemplaire. Autant
que personne, nous le reconnaissons avec bonheur;
car tel est le paratonnerre, auquel nous attribuons
d'avoir été, plusieurs fois déjà, préservés de la foudre

prête à éclater, et tel est encore, à nos yeux, le véritable espoir de la société. Aujourd'hui même, à la voix des évêques, le troupeau fidèle redouble ses prières et ses expiations ; mais, si la société elle-même, pour laquelle il intercède, y demeure indifférente ; si, devenue plus coupable par l'abus des grâces passées, elle s'obstine dans la révolte contre Celui qu'on ne brava jamais impunément : le bien formera-t-il un contre-poids assez fort pour faire pencher la balance du côté de la miséricorde ? Ce que les justes ont pu hier en faveur de la société, le pourront-ils aujourd'hui, demain, toujours ?

On dit encore : « Notre cause est juste ; le ciel ne peut manquer de bénir nos armes. »

Notre cause est juste ; qui en doute ? Mais, pour la faire triompher, il faut encore que nous soyons dignes de la défendre. L'histoire est pleine de causes non moins justes, compromises et perdues par les iniquités de leurs défenseurs. Les Juifs, en défendant Jérusalem contre Nabuchodonosor, défendaient comme nous leur fortune et leur liberté : leur cause était juste. Mais ils l'avaient compromise par leurs iniquités ; le Dieu des armées ne combattait pas avec eux, et les Juifs furent vaincus.

XLI

On ajoute : « Le czar est actuellement le plus grand ennemi du nom chrétien. Il a fait apostasier plusieurs millions de catholiques ; il a torturé la malheureuse Pologne, spolié ses églises et envoyé en Sibérie ses plus nobles enfants. Qu'avons-nous à craindre ? Mille fois plus que nous il mérite d'être brisé. »

Les nations qui tiennent ce langage sont l'Angleterre et la France. Ce que le czar fait depuis vingt-cinq ans, l'Angleterre ne le fait-elle pas depuis trois siècles ?

Le czar a fait apostasier plusieurs millions de catholiques : combien de millions l'Angleterre n'en a-t-elle pas fait apostasier depuis Henri VIII? Le czar a torturé la Pologne : depuis trois siècles l'Angleterre n'est-elle pas le bourreau de l'Irlande? Le czar a spolié les églises catholiques : l'Angleterre ne l'a-t-elle pas fait, depuis plus longtemps et sur une plus vaste échelle? Le czar envoie les prêtres catholiques en Sibérie : l'Angleterre les a envoyés à l'échafaud.

Sans doute elle se montre aujourd'hui animée d'un esprit différent; sans doute l'acte d'émancipation permet à l'Église de respirer librement sur le sol britannique; sans doute des catholiques fervents implorent, en faveur de leur patrie coupable, la miséricorde divine : toutefois, en présence de son passé, de ce passé non encore réparé, l'Angleterre peut-elle dire : « Je n'ai rien à craindre, rien à expier : en comparaison du czar Nicolas, je suis innocente? »

Quant à la France, nous la prierons de ne pas trop oublier son histoire. Elle lui dira si elle n'a pas fait hier contre l'Église, contre ses temples, contre ses prêtres, tout ce que le czar fait aujourd'hui. Sans doute les châtiments qu'elle a subis, la généreuse protection qu'elle accorde à la papauté, les bonnes œuvres qu'elle enfante et qu'elle propage, ont, du moins en partie, acquitté sa lourde dette. Mais ne lui reste-t-il rien à faire, rien à craindre? L'indifférence générale pour la religion, le sensualisme des mœurs, la profanation du dimanche, la sécularisation des institutions et des lois, qui n'est au fond qu'une répudiation indirecte de la royauté divine, tout cela est-il de nature à faire pencher en sa faveur la balance de la victoire?

On dit enfin : « Si nous sommes coupables, la Russie est-elle innocente? »

Puisqu'on veut s'autoriser d'une comparaison, il faut, ce nous semble, pour qu'elle soit juste, remonter un peu dans le passé et examiner :

1° Qui de l'Europe occidentale, ou de la Russie, a abusé de la plus grande somme de grâces et de lumières, depuis trois siècles;

2° Si c'est en Russie, ou en France et en Angleterre, que s'est formée cette vaste conspiration de lettrés, qui a ruiné la Royauté sociale de Jésus-Christ;

3° Si ce sont les presses de Pétersbourg et de Moscou, ou celles de Londres et de Paris, qui ont empoisonné l'Europe;

4° Si ce sont les théâtres, les modes, le luxe, les arts, la civilisation païenne de la Russie qui nous ont pervertis, ou si ce sont nos théâtres, nos modes, notre civilisation païenne qui ont perverti la Russie;

5° Si ce sont les philosophes russes qui sont venus apprendre aux rois de l'Occident à faire la guerre au christianisme et à l'Église, ou si ce sont les philosophes de l'Occident qui sont allés l'apprendre aux autocrates.

Sans nul doute la Russie est coupable; sans nul doute le czar est aujourd'hui le plus brutal ennemi du catholicisme. Sans nul doute il mérite d'être brisé; mais, avant de l'être, qui peut répondre, avec certitude, que Dieu ne se servira pas de lui pour nous châtier? Compter sur ses iniquités pour nous dispenser de nous repentir des nôtres, c'est opposer à l'incendie un rempart de paille.

XLII

Mais laissons tous ces calculs, bons seulement à nous endormir dans une fausse paix. Pour prendre leurs précautions, il suffit aux nations de l'Occident de savoir qu'elles sont coupables, hélas! et grandement coupables. Ayons donc peur de nous. Cette crainte, fille de la sagesse, ouvrant les yeux à l'Angleterre et à la France, leur fera ôter du milieu d'elles tout ce qui pourrait irriter l'arbitre suprême des combats.

Pour ne pas entrer ici dans de longs détails, contentons-nous de faire remarquer que le caractère de la lutte actuelle indique visiblement à toutes les nations de l'Europe le devoir impérieux qu'elles ont à remplir. Un double crime attira les barbares sur l'empire romain : le refus obstiné d'accepter la Royauté sociale de Jésus-Christ, et le culte opiniâtre d'une civilisation corrompue et corruptrice. Autant qu'elles ont pu, les nations de l'Occident ont rejeté la Royauté sociale de Jésus-Christ ; elles ont recréé, elles adorent d'un culte fanatique cette même civilisation contre laquelle Dieu avait appelé les barbares, afin d'en purifier la terre. Comme avant les Huns et les Vandales, l'Europe étale de toutes parts des théâtres païens, des modes païennes, un luxe païen, des arts païens, des littératures païennes, des habitudes païennes, en un mot toute une civilisation corrompue et corruptrice : ivraie que la main du Père céleste n'a pas semée, lèpre qui ronge les sociétés modernes, défigure l'œuvre de Dieu ; et, suivant l'expression d'un illustre évêque, constitue la plus redoutable épreuve de l'Église depuis son berceau.

Modifier ce qui peut être modifié, ôter ce qui ne peut l'être ; renoncer à l'esprit païen qui nous a perdus, y renoncer en tout ; rappeler l'esprit chrétien qui seul peut nous sauver, le rappeler en tout : dans les lois, dans les mœurs, dans les arts, dans l'éducation, première source du bien comme du mal ; c'est ôter l'aliment au feu de la colère divine, c'est, aux yeux du grand Roi, d'obstacles devenir moyens, et mettre de notre côté les chances de la victoire. N'est-ce pas là, en ce moment,

notre plus pressant devoir, non-seulement comme chré
tiens, mais encore comme citoyens?

Ninive est un type immortel.

XLIII

Sans cela, ayons peur de la défaite et peur de la
victoire.

La défaite! ah! que dans sa miséricorde infinie
Dieu nous en préserve! La défaite serait le triomphe
de la Russie. Le triomphe de la Russie, sans conversion de la part de l'Europe, ce serait la justice de Dieu
passant seule sur le monde; ce serait l'Europe en
sang et en feu, l'Europe saccagée, dépeuplée, broyée,
couverte de ruines informes; ce serait la papauté spo-
liée, chassée, fugitive, cachée dans les catacombes
comme au temps de Néron et de Dioclétien; ce serait
aux mains d'un barbare, empereur et pontife, un sabre, régnant seul sur la liberté et sur la conscience
humaine.

« La Russie, dit un de nos écrivains, qui s'étend depuis la Pologne jusqu'à la Perse et jusqu'à la Chine, pèse
déjà infiniment trop sur le globe. Si on ajoute à ce
poids le poids de cent mille lieues carrées de l'empire
ottoman, en Asie et en Europe, c'en est fait de toutes ba-
lances de forces dans le monde : le plateau russe em-
porte pour jamais l'univers géographique des peuples.
Il faut écrire sur tout un hémisphère et sur la moitié
d'un autre le fameux *Finis Poloniæ*, appliqué non plus
à la Sarmatie, mais à l'Europe tout entière.

« Qu'on se représente un czar qui recrute déjà ses
armées parmi soixante-cinq millions d'hommes, hommes
nt le métier est, comme dans les steppes d'Attila, de
b n mourir à l'ordre du maître; qu'on ajoute encore,

par la pensée, à cette puissance de recrutement formidable, les quarante millions de sujets ottomans, turcs, grecs, abases, arméniens, circassiens, kurdes, arabes, druses, maronites, et qu'on y surajoute les vingt-cinq millions de Persans qui tremblent déjà devant les avant-postes de la Russie! Cent vingt millions d'hommes dans une seule main despotique, pour en opprimer cent vingt millions d'autres!

« Que devient la mer Noire? Le grand dock de la Russie.

« Que devient Constantinople? Une Moscou du Bosphore, dont le Kremlin, bâti à la place des jardins du sérail, fera passer, comme des esclaves, les vaisseaux de l'Europe sous son canon.

« Que devient la Méditerranée? Un lac russe ou un champ de bataille d'un siècle, entre les flottes russes et les flottes anglaises, tenant le commerce de l'Europe entre deux feux.

« Que devient la France maritime sur cette mer, où elle ne possède ni Malte, ni Gibraltar, ni Corfou? La France maritime devient la vassale subalterne de la puissance maritime prépondérante sur ces mers, l'Angleterre ; ou elle devient le but des insultes de la Russie, jusque dans ses ports. Quand la Russie est aux Dardanelles, la frontière russe est à Marseille et à Toulon.

Que devient l'Allemagne? Elle devient une vice-royauté moscovite.

« Que devient l'Angleterre? Elle subit le blocus continental de Napoléon, augmenté du blocus de l'Orient par la Russie, en attendant avec anxiété l'époque où une expédition russe, semblable à celle qui s'accumule aujourd'hui sur le Danube, viendra, comme celle d'Alexandre, donner un nouveau maître aux deux cents millions d'hommes qui travaillent aujourd'hui, dans l'Inde, sous ses lois. Que devient la civilisation du monde? Ses destinées sont écrites en deux mots : despotisme et superstition. Un czar et un pontife dans un seul homme. Des théologiens pour philosophes et des Kalmoucks pour théologiens [1]. »

A tout prix, voilà ce qu'il faut que nous empêchions.

XLIV

Ayons peur de la victoire. Sans le retour au christianisme, la victoire, ce serait l'orgueil des nations occidentales montant jusqu'au ciel ; ce serait le refus plus obstiné que jamais de nous replacer sous le joug de la royauté divine ; ce serait le culte de la matière recommençant avec une fièvre nouvelle ; ce serait la vie des sens reprenant son empire ; ce serait l'Europe s'enivrant de jouissances et d'iniquités, se constituant de plus en plus devant le Roi des Rois à l'état d'obstacle, et achevant de perdre l'esprit chrétien, c'est-à-dire les derniers éléments d'une régénération future. Alors viendrait la catastrophe ; car il est impossible que les nations violent *impunément et indéfiniment* les lois divines de leur existence : cela ne s'est jamais vu. Les grands tombeaux qui jalonnent la route des siècles sont les historiens du passé et les prophètes de l'avenir. A l'égard des individus, Dieu peut se montrer patient, parce qu'il a l'éternité pour lui : autre est sa conduite à l'égard des nations. Elles doivent recevoir ici-bas la récompense ou le châtiment de leurs œuvres, attendu que les nations ne vont pas dans l'autre monde.

L'impunité des nations ne serait-elle pas le plus terrible des scandales? Se retournant vers le Monarque suprême, les sociétés coupables seraient en droit de lui

[1] Voir M. de Lamartine, *Hist. de Turquie.*

dire : « Pendant notre union avec vous, nous fûmes soumises à des expiations nationales pour nos crimes nationaux. Depuis que nous avons commis le plus grand de tous, en cessant de vous reconnaître pour Roi ; depuis que nous méprisons également vos promesses, vos préceptes et vos menaces ; depuis que nous foulons aux pieds des lois qn'on nous disait nécessaires à notre existence ; depuis que nous n'avons d'autre Dieu, d'autre roi que nous, nous marchons de progrès en progrès, de félicités en félicités. A quoi sert votre religion? Qu'est-ce pour les peuples que votre royauté? Quel besoin en a le monde? Nous avons trouvé le moyen d'être heureux sans vous, loin de vous, malgré vous. »

Quel serait le châtiment d'une pareille audace? Dieu seul le sait. Les barbares de l'extérieur seront à jamais vaincus, nous le supposons ; mais les barbares de l'intérieur ne pourraient-ils pas devenir l'instrument de la justice divine? Parce que les nations auront du pain et des plaisirs en abondance, parce que le désordre ne sera plus dans la rue, on croira sans peine que l'ordre règne dans les âmes, et que la société peut dormir tranquille. Elle n'oubliera qu'une chose, c'est de compter avec la puissance du mal.

Le socialisme, qui est la barbarie vivante au sein des nations modernes, révélait naguère son existence en Europe. Il comptait autant d'adeptes avoués ou secrets qu'il y a, dans tous les pays, d'hommes avides de jouissances à tout prix ; et, s'il eût triomphé, tenons pour certain que des multitudes entières fussent accourues sous ses étendards. Or ce peuple de barbares, qu'un coup de tonnerre a fait rentrer dans l'ombre, croyez-vous qu'il soit mort et bien mort? Le tenez-vous pour converti? Pensez-vous qu'au milieu d'une société qu'il verra plus avide que jamais de richesses et de

jouissances, lui-même en sera moins avide? Au spectacle d'un monde qui ne connaîtra d'autre religion que
la religion du plaisir, ne retrouvera-t-il plus son terrible raisonnement : « Jouir est le but suprême de
l'existence ; le travail ne suffit pas pour entrer dans le
paradis du plaisir. Frères, pendant que nous travail-
lons, les riches se reposent ; ils jouissent pendant que
nous souffrons. Quoi de plus inique que les uns aient
tout, et les autres rien? La justice est de partager, par-
tageons!!! »

Pour nous, il nous semble, si l'on peut affirmer
quelque chose, que la puissance du mal vit et veille
toujours; que les âmes ne sont pas guéries ; que la
haine de l'autorité, la haine de l'ordre, la jalousie de
la richesse et de la supériorité, la soif de l'or et des
jouissances n'est pas éteinte; que le volcan est encore
en ébullition, et qu'entre nous et le brasier il n'y a
jusqu'ici que l'épaisseur d'un sabre. Que ce sabre soit
brisé; et que faudrait-il pour cela?... Alors vous verrez
vos morts ressusciter, vos convertis reprendre leurs pre-
mières allures, et les barbares de l'intérieur, devenus
les Attilas du dix-neuvième siècle, se précipiter sur
l'Europe incorrigible, et lui faire payer avec usure et ses
nouvelles iniquités et le délai forcé de leur victoire.

Ayons donc peur d'une victoire sans conversion : de
quelque côté qu'on l'envisage, elle ne nous serait pas
moins fatale qu'une défaite.

XLV

Au contraire, avec la conversion, défaite et victoire,
tout nous devient avantageux.

La victoire : l'Angleterre redevenue catholique et la

France chrétienne, la face de la terre est changée. La royauté sociale de l'Agneau dominateur reprend son empire et étend ses influences salutaires jusqu'aux extrémités du globe. Que ne peuvent pas, dans l'intérêt de l'ordre divin, la France avec ses missionnaires et l'Angleterre avec ses vaisseaux? Le jour où ces deux nations, reines de la force et reines de la pensée, parleront la langue de la foi, le monde verra des merveilles. Heureux si nous sommes dignes d'en être les instruments! Tel est, on peut le dire, le désir, plus ardent que jamais, de Celui qui ne veut pas la mort des nations, mais leur vie et leur gloire.

Que l'Angleterre se souvienne enfin de son glorieux passé, et mette au-dessus de tous ses titres celui d'*île des saints*, que lui méritèrent les vertus de ses aïeux. Qu'elle comprenne les avances multipliées que la miséricorde divine lui fait aujourd'hui! D'où lui vient d'avoir conservé, seule entre tous les peuples, tant d'institutions catholiques, vénérables pierres d'attente d'un nouvel ordre de choses? Pourquoi ces conversions éclatantes et déjà si nombreuses, opérées dans son sein depuis quelques années? Pourquoi cette réunion mystérieuse de ses soldats et des soldats de la France, sous les mêmes drapeaux, sur les mêmes champs de bataille, versant leur sang pour la même cause? Pourquoi, à ce contact inespéré, tant de préjugés, de rivalités, d'antipathies séculaires, seront-ils changés en estime et en bienveillance réciproques? Qui oserait soutenir que dans les vues de la Providence, tout cela n'a pas pour but de mettre les deux nations sur la voie d'une union plus intime et plus complète?

Quant à la France, que lui disent les miracles de miséricorde qui, depuis moins d'un siècle, l'ont retenue plusieurs fois sur le bord de l'abîme? que lui disent et la merveilleuse fécondité de la foi et le zèle infatigable de ses fils, restés ou redevenus catholiques, et ce mouvement inespéré de retour vers la religion? Les bienfaits n'ont-ils pas pour but de faire aimer le bienfaiteur? Qu'elle aussi comprenne la voix miséricordieuse qui l'appelle ; que, secouant le suaire de paganisme, qui l'enveloppe et l'embarrasse, elle se souvienne de son plus beau titre, celui de *fille aînée de l'Église*. Qu'au sein du calme dont elle jouit elle travaille activement à sa guérison morale, afin que ses exemples, trop longtemps pernicieux à l'Europe, deviennent pour tous une odeur de vie, et pour elle un gage de glorieux avenir.

Disons-le une fois de plus : que l'Angleterre et la France, désabusées de leurs trop longues erreurs, se replacent, comme autrefois, sous le sceptre du Roi des Rois ; et la victoire qu'elles auront remportée sur elles-mêmes sera plus glorieuse et surtout plus décisive que les plus éclatants triomphes sur les armées du czar.

XLVI

La défaite : avec la conversion, la défaite n'est pas plus à craindre pour nous que le crible ne l'est pour le bon grain. Si, dans les conseils de Dieu, les peuples du Nord avaient une mission contre nous, elle serait une mission de justice sans doute, mais aussi de miséricorde. Alors, un grand mystère d'expiation et de régénération s'accomplira ; l'Europe occidentale passera au creuset de l'adversité, non pour y périr, mais pour en sortir, comme l'or, purifiée et embellie. Quand tout ce qui, dans l'ordre social actuel, n'est pas de bon aloi, aura été consumé, et que la face de la terre sera redevenue digne de Dieu, le feu s'éteindra. Un grain de sable arrêtera les flots dévastateurs, et ce grain de sable sera l'élément chrétien, personnifié dans un pontife, peut-être dans une bergère. Les barbares étonnés suspendront leur marche ; et qui sait si, pour consoler l'Église de ses longues douleurs, il ne lui sera pas donné de dire, comme autrefois, aux chefs soumis des nouveaux Sicambres : « Brûlez ce que vous avez adoré, adorez avec moi ce que vous avez brûlé ; » de voir le Croissant s'abaisser devant la Croix, et se lever pour elle l'aurore de ce magnifique triomphe, dont la piété catholique pressent que Marie récompensera la proclamation solennelle de sa Conception Immaculée ?

XLVII

Se replacer franchement, complétement sous la Royauté sociale de Jésus-Christ, non en ressuscitant le moyen âge, ou tel autre ordre de choses accidentel ; mais en reprenant les grandes lignes de civilisation chrétienne faussées par la Renaissance, par le Protestantisme, par la Philosophie, par la Révolution, de telle sorte que, quelles que soient les institutions publiques et les formes gouvernementales, le Roi immortel des siècles et des peuples, Jésus-Christ, soit réellement le dominateur pacifique du monde civilisé ; RECONNAÎTRE SOLENNELLEMENT ET SOCIALEMENT LES DROITS DE DIEU ; ou persévérer dans la révolte contre lui, en continuant de PROCLAMER LES PRÉTENDUS DROITS DE L'HOMME, et courir les chances des catastrophes réservées aux sociétés incorrigibles : en un mot, le Règne de Dieu ou le Règne de l'homme, la Houlette ou le Sabre, le Catholicisme ou la Barbarie ; telle est l'option suprême proposée aujourd'hui aux nations de l'Europe. Dans cette alternative est le dernier mot de la question d'Orient et l'avenir du monde.

XLVIII

Or, ce dernier mot, c'est nous qui le dirons; cet avenir, c'est nous qui le ferons. Dieu ne sauve ni ne perd les sociétés tout seul : c'est l'homme qui se sauve ou se perd. En disant *nous*, il faut entendre tous les membres de la société, quels qu'ils soient. Ici chacun est soldat du bien ou soldat du mal, instrument de salut ou instrument de ruine.

Toutefois l'honneur de sauver l'Europe appartient surtout au clergé. Dépositaire des paroles de vie, c'est lui qui a mission de faire rentrer dans les sociétés modernes l'esprit qui doit les régénérer. Par son dévouement il arrêta les barbares; par sa parole et par l'éducation il forma l'époque de Charlemagne et de saint Louis; par les mêmes moyens il opérera les mêmes miracles. Le zèle qu'il déploie, la patience héroïque dont il donne l'exemple, la pauvreté qui le détache de la terre, le mouvement si providentiel qui lui fait resserrer plus étroitement que jamais les liens de l'unité avec le Siége immortel, d'où descendent les lumières et la force, le rendent digne de la grande tâche qui lui semble réservée.

En même temps, les germes précieux qui surgissent de toutes parts, les âmes de plus en plus nombreuses qui, depuis quelques années, viennent lui dire : « Nous aussi, nous voulons aller avec vous; donnez-nous de l'eau de votre fontaine; » la lassitude, le dégoût même qui se manifeste pour les théories païennes, les arts païens, la littérature païenne, si usés et si peu en harmonie avec nos besoins ; les jeunes générations, qui ne demanderaient pas mieux que de se nourrir de la manne chrétienne, et, en se formant aux écoles qui produisirent les grands siècles de l'histoire, seraient fières de renouveler la face des sociétés ; tout se réunit pour ouvrir au clergé un magnifique horizon et pour l'encourager en lui disant : « Ayez foi ; parlez, enseignez le Christianisme en tout ; aujourd'hui votre parole sera mieux reçue qu'hier, et demain mieux encore qu'aujourd'hui. »

Le clergé ne faillira point à sa mission. De leur côté, les gouvernements, instruits par l'expérience, cesseront d'avoir peur du prêtre. Ils savent aujourd'hui que le danger est ailleurs que dans le sanctuaire. Le prêtre ne conspire pas. Depuis soixante ans, bien des trônes sont tombés en Europe : quel est celui que le prêtre a renversé ? Ils savent encore que, si le clergé demande la liberté de l'Église, c'est uniquement dans l'intérêt des âmes et au profit de l'ordre social. Doué d'un esprit si élevé et d'un caractère si ferme, le prince qui doit manifestement aux vues mystérieuses de la Providence d'être assis sur le trône de Charlemagne, comprend que son nom ne peut pas être seulement le symbole de la force et de l'ordre matériel ; mais qu'il doit être celui de la restauration morale et du raffermissement de la société sur ses bases divines. Et si, comme autrefois, la France se montre fidèle à la mission qui la place à la tête des peuples catholiques, peut-on dire la salutaire influence qu'elle exercera sur la marche des autres gouvernements ?

Le peuple aussi, tant de fois trompé, commence à s'apercevoir que, si les maximes évangéliques sont le plus ferme appui de l'autorité, elles sont aussi la meilleure garantie de la liberté. Avec la royauté sociale du

Christianisme, le despotisme et l'esclavage sont impossibles.

XLIX

Princes et peuples, au nom de votre existence, laissez donc au catholicisme la pleine liberté d'agir : agir c'est vous sauver ; sans lui vous ne pouvez rien. Conjurez ce grand médecin de traiter toutes vos maladies morales : les maladies de la société, afin de la replacer dans ses véritables conditions d'existence et de force ; les maladies du puissant et du riche, afin de le rendre juste et charitable ; les maladies du faible et du pauvre, afin de le rendre soumis et résigné ; les maladies de tous, afin de mettre un terme à l'antagonisme cruel qui outrage le ciel, déshonore la terre, tient l'Europe divisée en deux camps ennemis, toujours prêts à en venir aux mains, et menace de livrer la société agonisante au joug des barbares. Secondons ses efforts, acceptons avec courage ses prescriptions salutaires : le temps presse. Que chacun, dans sa position, se dise résolûment : Debout et a l'œuvre !

PARIS. — IMP. SIMON RAÇON ET COMP., RUE D'ERFURTH, 1.